Adieu, Mrs. Lee

아듀, 미세스 리

아듀, 미세스 리

초판 1쇄 발행 2024년 7월 17일

지은이 김미숙
펴낸이 장길수
펴낸곳 지식과감성#
출판등록 제2012-000081호

교정 김나현
디자인 서혜인
편집 서혜인
검수 한장희, 정윤솔
마케팅 김윤길, 정은혜

주소 서울시 금천구 벚꽃로298 대륭포스트타워6차 1212호
전화 070-4651-3730~4
팩스 070-4325-7006
이메일 ksbookup@naver.com
홈페이지 www.knsbookup.com

ISBN 979-11-392-1877-0(03810)
값 13,000원

지식과감성#
홈페이지 바로가기

리스 포춘호　파니스 안젤리쿠스　아듀, 미세스 리　차라리 그믐달이라도

Adieu, Mrs. Lee

아듀, 미세스 리

김미숙 지음

지식과감성#

프롤로그

독버섯이 핀다. 한여름 자연의 강력한 힘이 뿜어 나오는 계절. 찌는 독기를 삭혀 내리기 위해 비가 내린다. 장마철 우기가 시작된다. 오랫동안 축축이 적셔 놓은 대지에 겉으로 보기엔 하얗고 예쁘게 보이는 독버섯이 스멀스멀 올라온다. 습도 강한 흐린 날 낮 동안에도 포자는 열심히 키를 키우며 자라난다. 저녁나절 부드럽고 잔잔한 여름 바람은 꾸준히 포자를 나르고 있다.

Gently and softly like summer evening breeze.

그의 수명이 길지 않아도, 잠시 머물다 쓰러져서 흔적조차 남기지 않고 녹아내린다고 해도 다시 내리는 빗물에 흙 속으로 스며든다. 땅을 비옥하게 만드는 이로운 일을 제 몫으로 당연시한다.

우리가 사는 땅에도 곳곳에 독버섯 같은 인연들이 있다.

사람이 모두 제 몫을 갖고 타고 났을진대 그들의 몫은 무엇으로 타고 났을까 하고 생각해 본 적이 있다. 혼자 살았더라면 결코 몰랐을 것을, 만나지 않았더라면 절대 겪지 않았을 고통을, 엮이지 않았더라면 그다지 아프지 않아도 되었을 것을.

그러나 비틀어 보면 여러 인연을 맺었기에 알게 되었고, 만났기에 경험하며 성숙했고, 고통을 겪었기에 이겨 내는 법을 알았고, 엮여 봤기에 아픔에서 치유되는 길을 깨닫게 되었다.

Don't let me down, please.

시간의 웅장한 설계 앞에서 겸허히 고개 숙이게 되는 이유. '시절 인연'의 거룩함을 느꼈기 때문이다. 지나간 인연에 절대 연연하지 않으며, 새로운 미래에 경거하지 않기로 하자. 촌각으로 스쳤다고 해도 그 시절 인연에 감사를 보낸다. 그리고 그 인연으로 만났던 과거 나의 시절에 인사하며 보내려고 한다.

Adieu, Mrs. Lee.

2024년 **김미숙**

목차

3부 아듀, 미세스 리

4부 물소리, 물소리가 있기에

5부 리스 포춘호

6부 남자여 사랑하라, 언제나 처음인 것처럼

어디 음식만 양식일까. 나의 육신과 정신적 생명을 연장해 준 은인들의 따뜻한 말 한마디, 내게 내어준 시간, 매일의 관심, 한 끼의 소박한 식사, 그 모든 은혜가 내게는 생명의 양식이 되었다.

-생명의 한 끼 중에서-

1부

생명의 한 끼

비밀의 황금 반지 | 다섯 돈 묵직한 황금 반지. 남편도 아들도 아무도 끼지 않으려고 했다. 그렇다고 녹여서 다른 것을 만들기에는 곤란한 반지였다. 시아버님의 유품이기 때문이었다. 시어머님이 떠나고 6개월 만에 뒤따라가신 아버님이었다. 처음 시댁에 들어갔을 때 나의 가냘픈 몸매가 안쓰러웠는지 밥상을 안방까지 손수 들고 가 주셨다. 그 탓에 동서의 질투심을 자극하기도 했던 따뜻한 마음을 지닌 분이었다.

시집살이 초기에 결혼을 반대한 시어머니의 뒤끝을 염려해 주었다. 조심스럽게 뒤에서 애정을 쏟아 보려고 애를 썼던 흔적이 내 기억의 끄트머리에 남아 있었다. '버럭' 화를 잘 내고 일단 고함부터 질러 보고 시작하는 분이기도 했다. 조용한 집안에서 자란 나는 겁났고 주눅이 들었다. 두려움을 무릅쓰고 진심으로 잘해 드리려 애써 보아도 끝까지 들어 보지도 않았다. 다른 며느리들에게 당한 경험 때문인지 지레짐작으로 미리 고함을 질러 대는 통에 포기했던 적이 한두 번이 아니었다.

어머님이 떠나고 난 뒤 술 드시는 양이 늘었다. 늘그막에 배우자를 잃은 그 허전함이 진저리 쳐지게 실감 났을 것이다. 며칠 지나 누군가에게 당한 것처럼 눈두덩에 큰 멍이 들었고 팔이 부러져 깁스하고 병원 신세를 지게 되었다. 사무치는 외로움을 술에 의지한 것 같았다. 엎친 데 덮친 격으로 식도암이 발견되었다. 수술은 성공적이었지만 시누이가 급하게 떠 넣어 드린 음식이 기도로 넘어가서 뜻하지 않게 급성 폐렴으로 운명하게 되었다. 폐렴으로 산소마스크를 끼고 있는 동안 회한의 눈물을 많이 흘렸다. 수면 장애가 있어서 매일 가서 손을 잡고 잠들 때까지 기도하다가 오곤 하였다. 숨을 헐떡거리는 모습을 지켜보기가 괴로울 지경이었다. 고통을 그만 멈추고 편히 가시게 해 달라고 선종 기도를 드렸다. 거짓말처럼 기도한 다음 날, 숨을 거두신 아버님의 모습은 마치 노란 생고무 인형 같았다. 실감이 나지 않았다.

돌아가시기 전, 무심한 자식들은 왜 자꾸 우느냐고 다그쳤다. 그것이 아내를 잃은 우울감이었고 일생을 돌아보는 반성의 눈물이었다는 것을 짐작했다. 아버님은 어머님이 돌아가시기 한 달 전에 나를 조용히 댁으로 불렀다. 나를 겪어 보면서 좋았었다는 말씀이었다. 아버님이 항상 자랑스럽게 끼고 다니던 굵직한 6.25 전우회 반지를 빼서 내게 주었다. 어머님과 미리 의논한 것 같았다. 곧 돌아가실 것도 아니면서 그런 행동을 하는 것이 서운해서 할 말을 잃어버렸다.

돌이켜 보면 그때부터 시부모님은 인생 정리 작업을 하나씩 해 나갔던 것 같다. 아버님은 팔이 부러져서 입원해 계실 때 자주 말하곤 했다.

"6·25 전쟁 때 사람을 많이 죽였다. 그게 큰 죄다."라고 하며 살아온 인생을 반성하였다. “살아온 날들 동안 죄짓는 일이 많았다.”라고 후회하면서 눈물도 많이 흘렸다. 감정 표현을 절제하던 평소 모습과는 너무 달라서 적응하기가 어려웠다. 병원을 방문하는 수녀님이나 신자들에게도 반갑게 인사하면서 “내가 죄가 많은 사람입니다.”라고 고해성사를 하듯 털어놓았다. 천주교 신자가 되기를 몇 번 권하였으나 그때마다 주저하더니 “맏이가 불교를 믿으니 내가 성당에 갈 수는 없지만 그래도 결국 마지막에는 내가 너를 따라가겠다.”라고 다짐하였다. 돌아가시기 사흘 전에 아버님은 천주교식으로 세례를 뜻하는 대세를 받았다.

뒷정리를 위해 아버님 댁에 들렀을 때 아버님의 반지를 찾는 시숙과 시누이의 목소리가 들렸다. 6개월 전 시어머님이 돌아가셨을 때도 우리 부부가 유언을 받았다는 이유로 시숙들의 질시가 붉어진 터였다. 장례를 치르는 동안 예민해진 일도 있었고 행여 아버님마저도 편애했다는 오해로 감정이 격해질세라 입을 꾹 다물고 있었다. 내가 받았노라고 말할 처지가 못 되었다. 그날 이후에 아버님께서 물려준 황금 반지는 비밀이 되어 버렸다.

그 반지를 보고 있으면 어린 나이에 나라를 위해 젊음을 바친 그 용맹이 느껴진다. 그 행위가 국가를 위한 일인 까닭에 자부심을 품고 다니던 표정도 떠오른다. 국가에서 받는 연금은 어머님께 기를 펼 수 있었던 인생 반전의 모습도 생각나서 슬그머니 미소를 머금게 한다. 죽기 전에 자신의 삶을 돌아보고 자신의 죄를 고백할 수 있는 사람이 얼마나 될까. 그것은 참된 복이다. 아버님은 참회의 눈물을 많이 흘렸다. 성인들처럼 훌륭한 업적을 쌓진 못했을지라도 자식들에게 서투른 애정 표현을 하려 애썼고 반듯하게 살라고 늘 당부했다. 그 노력의 말씀과 자아 성찰만으로도 천국에서 평안하게 안식을 누리리라 믿는다.

운명하시고 49일 동안 좋은 곳에 가시길 바라는 마음으로 매일 검은 옷을 입고 천주교식으로 미사와 기도를 빠짐없이 정성껏 바쳤다. 마지막 49일째 되던 날 밤, 아버님께서 꿈에 나타났다. 한복을 곱게 입고 안방에 좌정하고 계셨다. "그렇게 가셔서 어떻게 해요." 하며 울먹였더니 "그게 다 내 운이라고 생각한다."라는 의외의 말씀을 하였다. 아버님의 죽음에 관해서 한동안 환후에 시달릴 만큼 몇 가지의 석연찮은 의문을 가지고 있었다. 그 꿈 이후로 품고 있던 일련의 의심을 단번에 모두 접기로 했다. 아버님은 당신 자식들이 우애와 평화롭게 살아가기를 더 바라는 것이라고 느꼈기 때문이다.

인생의 모든 매듭을 아버님처럼 '운'으로 여기면서 편하게 살 수만 있다면 좋으련만 돌아가신 지 제법 지난 지금도 아버님 가르침처럼 살기가 쉽지만은 않다. 가능한 피할 수 없는 일을 만날 때면 '운명'으로 생각하며 지내려고 노력하려고 한다. 살다 보면 아무리 애를 써도 할 수 없는 일이 있기 때문이다. 그럴 때 나는 아버님의 그 말씀을 떠올린다.

모두가 다 '운명'이라고.

달님 미용실 | 왼쪽 엄지손가락이 가위를 받쳐 주고 있다. 한 치의 오차 없이 다듬겠다는 의지가 몸에서 우러나온다. 거울을 보면서 고객의 표정과 눈치를 살펴 가며 요리조리 다듬고 또 다듬는다. 동그랗게 돌아가며 삐져나오는 한 올도 허락하지 않을 기세가 도공이 물레를 돌리는 것 같다. 표정이 굳은 고객이 아니라면 그 누구든 멋지게 만들어 줄 자신감이 풍겨 나온다.

블루클럽이라는 남성 전용 미용실에 갔다. 간판은 세련된 것 같지만 예전 동네 이발소를 벗어나지 못한 모습이다. 타일로 된 세면대, 전면에는 촌스러운 유리와 벽에 걸어 둔 외국 목장 풍경 액자가 그랬다. 사장은 흰 가운을 입었다. 면도하는 아가씨만 있다면 영락없이 어릴 때 다녔던 이발소 같다. 이발사는 깊은 양철 컵에 숱이 많은 솔로 풍성한 거품을 만들어 턱 주변에 듬뿍 바른다. 이윽고 잘 다듬어진 면도날로 아슬아슬하게 곡예하듯 뺨 위에 미끄러진다. 따뜻하게 데워 놓은 수건으로 깨끗하게 닦아 내면 훤한 피부가 새 모습으로 되살아난다.

초등학교 3학년 때까지 이발소에 가서 머리를 깎았다. 그 시절에는 여자 남자 할 것 없이 이발소를 이용했다. 이발소 의자 팔걸이에 얹어 놓은 빨래판 위에 걸터앉으면 이발사는 누구든 '가리야기'라는 머리를 만들어 놓았다. 바가지 모양인데 가끔 앞머리 줄이 바르지 않아 예민해지고 짜증이 났지만, 불만을 표현하기란 쉽지 않았다. 모난 노처녀 담임 선생님이 머리 모양을 놀리는 통에 집에 돌아와 이발사를 원망하며 방바닥을 치고 대성통곡했던 적도 있다.

미용사처럼 앞머리를 층 내어 깎으면 머리카락 선이 바를 텐데 그는 미장원이 하는 짓을 따라 하지 않았다. 미용실에 밀려난다는 시대적인 위기감을 느낀 이발사의 고래 심줄 자존심 같았다. 그런 사실을 아는 아버지는 언니와 나를 반드시 이발소에서 머리를 깎게 했다. 이발소에 가는 것이 정말 싫었던 언니는 머리를 길게 기른다는 핑계로 의리 없이 혼자 이발소를 피했다. 그날, 이발소에 안 가려면 머리를 기르면 된다는 것을 알게 되면서 비로소 이발소를 벗어날 수 있었다.

초등학교 2학년 때 권영희라는 첫 친구가 생겼다. 친구 어머니는 삯바느질했고 친구는 어린 나이에도 부엌일을 맡아 했다. 음식 솜씨가 어른다워 친구지만 언니 같고 엄마 같았다. 영희 언니가 하는 미장원에 가서 갖가지 머리 모양을 만들면서 놀았다. 거울 속 공주 머리 모양에 황홀했다. 어린 나이에도 권영희는 불에 달군 뜨거운 고데기로 소라 모양 머리를 만들어 주며 나를 가지고 인형 놀이를 했고 나는 친구 덕에 공주 놀이를 했다. 매일 방과 후면 영희 집으로 갔다. 머리를 꾸미고 놀다가 영희가 만들어 주는 모락모락 김이 나는 흰쌀밥에 약간의 소금과 참기름 한 방울, 김치찌개를 꿀맛처럼 받아먹었다. 몇 년 후, 끈끈했던 우리 사이에 다른 친구가 끼어들어 서먹서먹해지면서 관계는 끝이 났다. 아마도 나의 친구 관계 반경이 넓어지면서였던 것 같다.

지금은 영희에게서 눈동냥으로 배운 실력으로 웬만한 머리 모양은 직접 만들 수 있다. 파마하면 꾸민 머리 모양이 유지되므로 파마를 할 때만 미장원에 가게 된다. 그토록 미뤘다가 꼭 가는 이유는 한편으로는 미장원에서 보내야 하는 시간이 아깝기도 하지만 다른 편으로는 미장원의 시골스러운 풍경이 은근히 그립기 때문이다.

지인이 소개한 골목길 안쪽 달님 미용실 원장님은 할머니들에게 뽀글이 파마를 2만 원만 받고 해 준다. 아마도 할머니 부대의 절대적인 지지를 받는 이유가 순전히 그 때문일 것으로만 생각했다. 보조를 자처하는 할머니는 로트 마는 것을 도와준다. 무면허가 불안하고 기분도 안 좋지만 아무도 불평을 하지 않는 탓에 울며 겨자 먹기로 속만 태우다가 온다. 한마디라도 했다간 할머니들이 단체로 원장 편을 들면서 내게 달려들 것 같은 위협을 느끼기 때문이다.

달님 미용실에는 항상 할머니들이 대여섯 명 포진하고 있다. 할머니들은 동네 사랑방인 달님 미용실에 아침마다 번갈아 출근한다. 빈손이 없다. 삶은 고구마, 옥수수, 감자, 토마토, 텃밭 채소들. 원장님이 손수 따뜻한 밥을 짓고 된장찌개를 끓여서 할머니들을 대접한다. 내게 먹어 보라고 권했지만 사양했다. 어쩌다 세상살이의 푸념을 늘어놓다가 시어머니처럼 거칠게 면박을 줘서 본전도 못 찾은 생각에 삐쳐 있던 터였다.

날 위해 일탈하고 싶은 날, 골목 미용실을 벗어나 유명한 헤어숍에 가 보고 싶은 유혹을 느낀다. 카페처럼 꾸며 놓고 서비스도 좋다. 입구에서

부터 고객 관리가 세련되게 시작된다. 지정된 디자이너가 있냐며 기다리는 동안 서먹서먹하지 않게 쿠션과 잡지, 쿠키와 차를 준다. 예쁘고 날씬한 아가씨의 친절하고 세련된 서비스를 받으면 신분이 상승한 듯한 착각에 빠진다. 헤어 클리닉, 모발 영양도 하라는 디자이너 설득에 우아하게 고개를 끄덕이다 보면 나올 때 50만 원을 훌쩍 넘기는 비용을 치른다. 바가지를 쓴 묘한 느낌이 들지만, 기분이 나쁘진 않다.

마음이 꿀꿀하고 구름이 낀 날에는 이상하게도 달님 미용실이 떠오를 때가 있다. 머리 손질이 마음에 들지 않지만, 할머니들의 수다를 들으며 허한 마음을 달래고 싶어진다. 그런 날은 갈 때가 아직 되지 않았음에도 불구하고 그럴싸한 핑계로 달님 미용실을 찾는다.

무엇 때문일까. 돌아보면 마음이 짠한 내 첫 친구 영희의 모습이 밥솥 뚜껑 위로 피어오르는 하얀 쌀밥의 따뜻한 김처럼 모락모락 떠오르기 때문이다. 아마도 영희가 자라서 어른이 됐으면 이런 동네 골목 어딘가에서 미용실을 차려 두고 할머니들 사랑방 말 상대가 되어 주는 그런 따뜻한 사람이 되어서 살고 있지 않을까 싶다.

헤어진 후, 어머니가 일찍 돌아가셨고, 미장원 하던 언니는 이혼 후 암에 걸렸다고 하며, 실업고를 중퇴했다는 얘기가 바람결에 들려왔다. 대학 때 하필이면 머리 모양에 힘주고 잔뜩 멋 부렸던 날, 도심에서 영희와 우연히 마주쳤다. 반기는 나를 위아래로 훑어보며 피하는 듯해 끝내 손을 잡아 끌지 못했다. 내가 달님 미용실에 가서 여전히 머리를 손보는 건 마음에 진득하게 남아 있는 그때의 아쉬움을 보상하기 위해서라는 동기를 비로소 찾아낸다.

제비꽃 | 엉뚱하게도 가득 피어났다. 지난 늦가을 작은 꽃밭에 튤립 알뿌리를 가득 심고 꽃 피기를 기다렸더니 토끼가 겨울 식량으로 모두 가져가 버렸다.

제비꽃만 무성하게 피어났다. 가만히 들여다보면 나지막이 겸손하게 피는 꽃이다. 저명한 식물학자도 이름을 외우기가 쉽지 않을 만큼 지구상에서 가장 많은 종을 가진 식물이라고 한다. 내게 이 꽃은 남다르다. 제비꽃이라는 이름을 처음으로 내게 알려 준 우태가 떠오르기 때문이다.

내가 처음 너를 만났을 때 / 너는 아주 평화롭고 / 머리엔 제비꽃(중략) / 내가 다시 너를 만났을 때 너는 많이 야위었고 / 내가 마지막 너를 만났을 때 / 너는 아주 평화롭고 창 너머 먼 눈길 / (중략)

우태는 우리 동네에 살던 동갑 남자아이였다. 대학 일 학년 때 음악다방에서 내게 바친다며 조동진의 노래 〈제비꽃〉을 신청했다. 자작곡도 아닌데 어떻게 바친다는 것인가 싶었다. 헌정을 처음 받아 봤기 때문이다. 노랫말도 와닿지 않았고 무슨 뜻인지 어리둥절했지만 묻지 않았다. 대화가 재미없이 뚝뚝 끊어졌고 종종 이해 안 되는 돌발적인 행동으로 답답한 느낌을 주었던 아이였다.

우태를 처음 만난 건 여고 2학년 겨울쯤 그 동네에 이사하면서부터였다. 피천득의 《아사코》가 떠오르는 뾰족지붕에 뾰족 창문을 갖춘 양옥집이었다. 작은 동산이 앞뒤로 있던 그 동네 5월은 아카시아꽃 향기가 온통 감동으로 물결쳤다. 내 방을 아카시아꽃으로 그득히 장식하고 행복에 겨워하던 꿈같은 시절이었다.

새벽에 학교 갈 때, 파란 교복을 입은 녀석이 쪼르르 앞으로 달려와서 꼭 한 번씩 째려보고 가 버리곤 했다. 아침부터 그런 일을 당한 날은 온종일 기분이 좋지 않았다. 일요일 아침에는 부모님과 성당을 갔다 올 때면 골목길에서 야구를 하고 있다가 야구공으로 엉덩이나 다리를 실수인 척 맞추곤 했다. 화는 났지만 민망스럽고 부끄러워서 뒤를 돌아보지 않고 후다닥 뛰어오고 말았다. 그러니 당연히 어떻게 생긴 녀석인지 알 수 없었다.

추운 겨울 대학교 입학을 앞두고 저녁까지 놀다가 버스를 타고 오는 길이었다. 촌스러운 더벅머리의 남자가 곁에서 힐끔힐끔 쳐다보고 있었다. 하이힐을 처음 신고 나갔던 날이어서 다리가 무척 아프던 참에 버스에서 빈자리가 생겼다. 앉고 싶어서 눈치를 살피고 있던 내게 빙긋이 웃으며 앉으라는 듯 눈짓을 했다. 의외였다. 마치 아는 사이처럼 하는 짓이 수상하게 느껴졌다. 내가 앉자마자 말도 없이 자기 가방을 무례하게 내 무릎 위에 얹어 놓았다. 게다가 차에서 내리자 집으로 가는 골목길까지 뒤따라오는 것이 아닌가. 기분이 썩 나쁘진 않았지만 그래도 조금 튕겨 볼 마음에 용기를 내어 힘주어 말했다.

"왜 자꾸 따라오세욧." 했더니 "우리 집에 가는 건데요." 해서 나를 민망스럽게 만들었다. 이후 우리는 편한 동네 친구가 되었다.

어느 날 도서관으로 불쑥 찾아와 보여 줄 게 있다면서 다짜고짜 나오라고 했다. 해운대에 갔다. 나와 무슨 상관이 있기에 동백섬과 인어상을 보여 주려고 했다는 건지 어리둥절했다. 그날, 돌아오는 길에 음악 다방에서 새벽의 재수 없었던 녀석과 야구공으로 괴롭힌 녀석이 자신이라고 자백했다. 그러면서 다방에서 메모지에 적어 DJ에게 신청한 곡이 〈제비꽃〉이었다. 아무 느낌도 받지 못했던 내게 우태는 많이 애쓰는 듯했지만, 대부분 대화는 통하질 않았다. 아마도 풋내기 대학 초년생이라 표현이 아주 서툴렀을 것이다.

바닷가에서 걸어가다가 실수로 손을 건드려 담뱃재가 우태 눈에 들어갔다. 재가 눈에 들어가면 눈이 먼다면서 책임을 지라고 다그쳤다. 그 책임으로 결혼을 해 줘야 한다는 억지를 부렸다. 어처구니가 없었지만, 속으로는 긴가민가했다. 그래도 그날 밤 우태 눈이 제발 멀지 않기만을 간절히 바랐다. 책임감으로 결혼하기에는 아직 연애 한 번 못 해본 내 나이가 너무 억울했기 때문이다.

우태는 짙은 눈썹과 송아지처럼 큰 눈망울을 가졌다. 나를 바라볼 때 그 아이 눈은 언제나 이글거렸고 붉고 두툼한 입술은 불타올랐다. 어린 나이에 정면으로 바라보기에는 부담스럽고 느끼했다. 여자는 안전한 남자에게 마음을 여는 법이다. 우태가 잘생겼다고 처음 느낀 것은 입영 훈련을 다녀온 여름 방학 때 짧게 깎은 투명하고 담백한 모습을 보여 줬을 때였다. 하지만 불행하게도 그때 그 골목길에는 담백하게 잘생긴 친구들이 많이 있었다. 우태도 그중의 한 명일 뿐이었다.

결혼할 남자가 생겼을 무렵, 항상 재미있게 해 주는 정열적이고 지성적인 남자와 곧 결혼할 것 같다고 했다. 곧장 양과점에 가서 팥빙수를 사 주며 축하해 주었다. 그날 우태 표정이 어떠했는지 전혀 마음 쓰지 않았다. 우태가 가끔 하늘을 보며 한숨을 쉴 때가 종종 있긴 했다. 그 속에 어떤 정신의 세계가 있으리라고는 짐작하지 못했다. 나이가 들어 이제야 제비꽃 노랫말이 마음에 와닿게 되었다. 우태는 지금 이 느낌을 그때 벌써 알고 있었을까.

10여 년이 지나서였다. 미국에서 귀국하여 아무렇게 편한 모습으로 어린아이들 손을 잡고 그 골목길을 들어섰을 때였다. 본가 대문을 열고 나오는 우태와 우연히 잠깐 마주쳤다. 순간, 우태는 느닷없이 그 큰 눈을 껌뻑하며 장동건같이 짜릿한 윙크를 말없이 보냈다. 가슴 한구석이 뭉클해졌다. 내 모습이 신경 쓰여 허둥지둥 지나쳤지만, 집에 돌아와서도 우태의 윙크가 자꾸자꾸 머릿속에 맴돌았다. 내게 해 준 일 중에 제일 잘한 것은 그 윙크였다. 엄마가 되어 온 대견스러운 옛 친구의 모습에 '꾸미지 않아도 여전히 넌 예뻐. 어깨를 펴.'라고 격려해 주는 말 같았기 때문이다.

그때는 우태를 이해하지 못했다. 중년이 오리라고는 전혀 생각해 보지 않았다. 어깨가 처지고 이유 없는 눈물이 나는 날이면 그냥 제비꽃이 떠오른다. 그런 날이면 제비꽃이 가득한 꽃밭으로 가면 우태의 응원 같은 윙크가 제비꽃 위에 겹쳐 보인다.

'나이가 든 지금도 넌 예뻐. 힘내.'

제비꽃 노랫말처럼 우리는 그렇게 띄엄띄엄 변해 가면서 성숙해져 간다. 우연히 잠깐, 세 번째 만날 즈음이면 어떤 느낌이 들는지. 깊은 한밤중에도 깨어 있고 싶을 만큼 남은 생이 소중해질까. 그때가 늦어지면 늦어질수록.

장미의 여향 | 그제야 떠올랐다. 추측해 보건대 지금 내가 느끼는 이 기쁨이 그때 어머니가 느꼈던 그 기쁨이었을 것이다. 그 마음을 알아주지 못한 미안한 마음과 부끄러움이 후회로 밀려왔다.

5월은 장미의 계절이다. 가는 곳마다 장미를 볼 수 있지만, 어머니의 꽃밭에 피었던 장미만 한 것은 없다. 크기도 특상품이지만 향기는 특별했다. 우연히 창녕 오일장에 들렀던 김에 꽃을 좋아하는 어머니 생각이 나서 분홍과 빨강, 노랑 그리고 백장미 묘목 네 그루를 사다 드렸다.

해마다 오월이면 어머니의 꽃밭에는 장미 세 그루가 선명한 색깔과 매혹적인 향기를 가득 품고 풍성하게 꽃을 피워 냈다. 그중에서 크고 선명한 색깔을 띤 탐스러운 장미 몇 송이를 네 명의 자녀들에게 골고루 나눠주었다. 내가 쉬는 날, 어머니는 특별히 크고 고운 장미를 신문지에 두루 싸서 갖다주었다.

신문지를 보면서 그 안에 있는 장미가 눈에 들어오지 않았다. 어머니의 행색에 눈을 뗄 수가 없었기 때문이다. 낮 2시를 넘기고 점심때가 훨씬 지난 시간인데도 식사를 안 하고 오셨다. 퀭한 눈으로 당이 떨어져 헉

헉대며 겨우 걸음을 떼는 듯 들어오시는 어머니 모습을 바라보니 속상했다. 늙으면 배고픔을 참기가 힘들다고 하면서도 점심을 참고 밥때를 넘겨 휘청거리듯 쓰러지기 직전의 모습이었다. 용돈을 부족하게 드리지도 않았는데 언제나 모자란 듯하니 돈의 용처가 몹시 궁금했다.

늦은 점심밥을 다 드시고 난 뒤 한숨 돌렸다 싶을 때면 일상생활에 관한 대화가 시작된다. 그중에 어머니의 주 화제는 '누구 집에 가서 환자를 돌봐 주느라 몸이 고되다'는 것이었다. 어머니 건강도 돌보시라고 하면 그 환자를 등한시하는 며느리 마음이 떠올라서 그랬다 한다. '남도 환자를 돌보는데 며느리인 내가 냉대해서 되겠나.' 하면서 그 집 며느리 마음을 회유시키기 위해서라고 했다.

어머니는 '죽을 때가 다 되었는지 조금씩 마음에 걸리는 지나간 일들이 자꾸 떠오른다'고 했다. 그때면 속죄하는 마음으로 금식을 하고 그 사람을 위해 성당에서 미사를 올려 준다는 것이다. 대화가 더 길어지면 금식한 돈을 아끼고 모아서 어느 곳에 기부한다는 얘기가 나왔다. 노인이 무슨 기부까지 하시냐면서 반박하는 대화가 매번 반복되었다. 나의 항의는 아무 효력이 없었다. 어머니는 여전히 버거워하면서도 늘 봉사하러 다녔고 아껴 가면서 기부했다. 늘 평소 습관처럼 절약하면서 검소하게 살았다. 노년에 편하고 여유 있게 사셨으면 하는 딸의 심정을 몰라주는 것 같아 야속했다. 그 야속함 때문에 어머니의 장미와 일상적인 봉사 그리고 기부 행위를 경청하지 않았다. 어머니는 93세 되던 해 봄에 하늘나라로 떠났다.

어머니의 장미처럼 추억을 만드는 장미를 키워 보고 싶었다. 정원이 딸린 아파트로 이사를 하면서 정원 오른편에 장미 묘목 한 그루를 심어 두었다. 나무가 크게 자라면 가시가 사람을 찌르지 않을까 하는 섣부른 걱정도 미리 해 보았다. 한 해 두 해가 지나도 나무는 꽃을 제대로 피우질 않더니 겨우 세 송이만 맺고 말았다. 거름을 많이 주어도 매년 예쁜 장미꽃을 보기란 쉽지가 않았다. 장미가 피는 계절이 오면 특별한 장미를 내게 갖다주신 어머니를 냉대했던 기억이 떠올라 위산의 통증처럼 가슴이 싸하게 저며진다.

해마다 연말이면 세금 정산을 할 때마다 한 해의 기부 금액이 얼만지 관심을 가지게 된다. 나에게는 마치 숙제처럼 느껴지기 때문이다. 매년 꾸준히 하고 있지만, 항상 부족한 것 같아 항상 마음이 무거웠다. 성경 속에 등장하는 가난한 부인의 기부와 비교되어서였다. 그러던 중 조금 많은 돈을 기부할 기회를 갖게 되었다. 기부하고 나니 마음 한곳에 묵혀 있던 그 무엇이 씻겨 내려가는 듯 홀가분해졌다. 아이처럼 흥분되어 자랑하고 싶은 유치한 생각이 들었던가 보았다. 서울에 모여 사는 아이들에게 무심코 말했다. 칭찬을 기대했던 것과는 달리 예전에 내가 어머니에게 했었던 반응과 똑같은 대답이 내게 돌아왔다. 황당했다.

큰애는 '어머니 자신을 위해 사시라.'라는 말을 하고선 며칠 후 냉장고를 사서 보내 주었다. 망설이며 바꾸지 않았던 냉장고였다. 내가 새로 사지 않았던 까닭은 돈이 없어서도 아니었다. 오래 썼던 만큼 정이 들어 추억도 있고 그나마 다른 기능은 잘 돌아가고 있었다. 무엇보다 생활 쓰레기로 인한 환경을 생각해서였다. 걱정 없을 만큼은 살기에 당당하게 말했었다. 나에게서도 희생을 통해 기부하는 듯한 어머니의 궁색함이 아이들 눈에 비쳤던 것일까.

그제야 깨달았다. 희생을 통한 기부가 의미 있다고 생각하셨던 어머니의 신념을 자식인 내가 읽지 못했다. 기쁘고 즐거운 기부를 격려하는 대신 비난했던 딸의 어리석고 짧았던 생각. 어머니가 궁핍하게 보인 것이 아니라 내가 어머니를 궁색하게 본 것이다. 내가 몰랐던 어머니 모습은 기쁨과 즐거운 삶의 가치 그 이상이었다. 어머니가 보여 주신 기부와 봉사의 모습이 내게도 자연스럽게 상속되었다는 것을 이제야 어슴푸레 깨닫는다. 행복한 기부와 봉사의 참맛을 알아 가기에는 아직도 내게 더 많은 세월이 필요한 듯하다.

장미는 다른 꽃들에 비해 꽃 모양과 향기가 월등하지만, 잔향이 오래가는 것이 더 큰 매력이라고 할 수 있다. 향수도 잔향이 오래가는 제품이 명품이라고 한다. 점심값조차 아껴 가며 기부하고 봉사하는 것이 기쁘고 즐겁게 사는 방법임을 자연스럽게 알려 주신 어머니. 내게 갖다주신 장미꽃 잔향처럼 나의 자녀들에게도 봉사와 기부의 정신이 저절로 상속되기를 바라는 마음이다.

생명의 한 끼(Panis Angelicus) | 몇 번을 되물었다. 그럴 리가요. 60대라는 말에 나도 모르게 비명 같은 말이 나왔다. 신체는 분명히 70대로 보였다. 다리는 근육이 빠져서 가늘고 휘어졌으며 어깨는 살짝 굽었다. 무엇보다 윤기가 다 빠진 얼굴에서 나이가 느껴졌다. 의심스러운 마음에 물어보니 65세라고 한다. 분명히 속이고 있는 것이라고 짐작했다.

코로나 파동으로 가사 도우미조차 끊었다. 거리 두기가 완화되어 도우미를 불렀더니 집 찾느라고 헤맸다면서 30분이나 늦게 왔다. 옷을 갈아입을 때부터 시작해서 걸레질하면서도 횡설수설이다. 눈은 멍하니 넋 나간 표정이었다. 분명히 문제가 있는 사람 같아 보였다. 청소를 마치고 가고 나면 센터에 항의 전화할 거라고 단단히 마음먹었다.

60대 후반의 여자들은 가난의 시기를 겪은 세대여서 살림 솜씨가 대체로 좋다. 세제나 물과 전기를 허투루 쓰는 법이 없다. 넋이 나간 것 같아도 몸이 기억해선지 일머리가 트여 잘하는 것 같았다. 마칠 시간에 옷을 갈아입으며 또 주절거렸다. 실없는 소리거니 하고 대충 듣고 흘렸는

데 마지막 말에 확 꽂혀 버렸다.

그녀가 일을 마치고 2시쯤 집에 도착했다. 자는 남편을 보고 다시 일하러 나갔다가 8시쯤 돌아왔다. 그녀 남편은 여전히 손도 까딱 않고 밥도 먹지 않은 채 자고 있었다. 고단한 몸에 원망스러운 마음을 추스르며 밥을 차려 놓고 깨우니 남편은 이미 죽어 있었다고 했다. 그게 겨우 2개월 전이란 말에 가슴이 철렁 내려앉았다. 식사하고 가시라고 조심스럽게 권했다. 동병상련일까. 가슴이 두근거리고 손은 떨렸지만 재빠른 동작으로 밥을 챙겼다. 고기를 녹여서 굽고 상추와 같은 텃밭 채소를 차렸다. 가장 아끼는 약 된장으로 찌개를 끓였다. 제대로 된 밥을 처음으로 먹어 본다며 눈물을 훌쩍거렸다. 식사를 마칠 때쯤 소중하게 여기는 영국 황실 찻잔을 꺼냈다. 커피를 타 주며 정원의 꽃이 보이는 창가에 앉아서 '여왕이 된 듯한 마음'으로 마시라고 권했다.

내가 급하게 차려 주는 이 상차림은 조촐한 한 끼의 밥일 뿐이다. 그러나 도우미에게는 밥 넘기기가 힘든 시기에 제대로 밥을 먹을 수 있는 계기를 마련해 줄 수 있을 것이라는 생각이 들었다. 그때의 나처럼. 상처를 받으면 조금의 먹이로 거저 허기만 때우는 시기가 있다. 내게는 은둔의 시기였던 3개월이 그녀에게는 밥벌이를 위해 세상 밖으로 나와 일을 해야만 하는 현실이다. 가난하다고 상실의 아픔을 모를 리가 있을까. 71세라고 하면 아무도 쓰지 않으니 65세라고 하라는 센터 지시가 있었다고 실토를 한다.

문득, 나는 그때를 어떻게 보냈던가. 필름을 되감듯 기억을 되돌아본다. 암흑 같았던 그 시기. 먹고 자고 걷기만 했던 시기였지만 그 일이 가장 힘들었다. 어느덧 아무렇지도 않게 밥을 먹고 베갯잇을 적시는 눈물도 자연스레 그쳤다. 그렇게 되기까지 나를 지켜 준 은인들, 나를 어둠에서 끌어내어 주고 생명을 이어 준 은인들이 있었다.

제일 먼저 영안실로 달려와 준 혼자가 된 성가대 형님, 하루만 살아 내라고 다잡아 준 청상의 오랜 친구, 시래기조림으로 엄마의 밥상 차림을 차려 줘 처음 밥다운 밥을 먹게 해 준 언니, 아침저녁 카톡으로 굿모닝과 굿나잇 인사를 꼬박꼬박 보내 준 분도 고맙다. 대학 때 친구는 내 마음을 달래려고 한강까지 찾아와 추운 날 함께 걸어 주었다. 동아리 친구는 전화기 너머 나의 슬프고 어처구니없는 얘기를 들어 주느라 저녁밥도 못 먹고 놀이터에 쭈그리고 앉아 들었다고 했다. 어쩌다 기운 빠진 우울한 내 목소리에 20년 된 벤츠를 몰고 한달음에 달려와 준 치대 교수도 고맙다. 밤새도록 졸릴 때까지 전화로 대화해 주며 허전함을 달래 준 참 친구. 언제든지 우울한 슬픔이 일 때는 당장이라도 전화 받아 줄 수 있다는 든든한 글동무. 밥 잘 먹어야 한다며 나의 장점을 일러 주고 칭찬해 주는 언니. 그리고 단순한 호의겠지만 내게는 외로움을 물리치게 해 준 고마운 주변 사람들. 그때 내게 다가와서 바쁜 일정을 만들어 준 분들은 한결같이 아픔을 겪은 사람들이었다. 어디 음식만 양식일까. 나의 육신과 정신적 생명을 연장해 준 은인들의 따뜻한 말 한마디, 내게 내어 준 시간, 매일의 관심, 한 끼의 소박한 식사, 그 모든 은혜가 내게는 생명의 양식이 되었다.

티브이에서 〈파니스 안젤리쿠스(생명의 양식)〉를 안드레아 보첼리가 부르고 있다. 오래전 루치아노 파바로티의 풍성하고 화려한 음색의 연주를 처음으로 들었다. 처음 듣는 순간 천상의 음악 같다고 느꼈다. 파니스 안젤리쿠스는 직역으로 '천사의 빵'이지만 그것은 '천상의 양식'이고 우리에게 '생명을 주는 양식'이 된다는 뜻의 노래다.

어느 날 천주교 미사에서 파니스 안젤리쿠스를 독창하게 되었다. 거룩한 '생명의 양식'인 성체를 어떻게 잘 표현할 수 있을까 고민이 컸다. 성악하는 사람들이 연주를 잘하는 것은 곧 해석력에 달렸다.

생명의 양식은 안드레아 보첼리처럼 저렇게 불러야 한다고 문득 깨닫는다. 담담하고 잔잔하고 소박하게. 감정 이입이 되지 않은 듯, 글 읽듯이, 조용히 말하듯. 파바로티의 화려한 연주보다 보첼리의 연주가 가슴에 와닿는 것은 아픔을 겪어 낸 사람이라서 그럴 것이다. 나는 보첼리가 시각 장애를 극복한 감정의 정화를 담담하게 우려낸 곡 해석이 감동을 주는 거라고 해석했다. 육체 장애를 앓았거나 심적 상처를 입고 아픔을 겪게 된 사람들이 생명의 양식을 받아들이는 느낌은 확연히 다르다.

생명의 양식은 화려한 진수성찬이 아니다. 소박하고 간단하되 정성껏 차린 밥상이다. 치유의 약이 될 수 있는 밥 한 끼이다. 편안하게 먹으라는 따뜻한 말이 얹힌 밥 한 그릇. 후식으로 내어놓는 하얀 접시가 생명의 양식이 아닐까. 그녀가 떠난 후 도우미 센터에서 피드백을 묻는 문자가 왔다. 일 잘하고 갔다며 '다음에도 다시 쓰고 싶다'라는 후기와 함께 별표 5개를 새겨 보내 주었다.

아낌없이 주는 나무 | 스물여섯 살에 교수가 된 사람이다. 일찍 시작했기에 자신의 나이보다 훨씬 웃도는 제자를 많이 갖게 되었다. 제자들은 지도교수의 나이를 감히 짐작도 못 하고 젊은 나이임에도 자신들의 결혼식 주례를 해 달라고 자주 청했다. 그때마다 번번이 사양하다가 아들을 낳고 보니 40세를 훌쩍 넘기게 되었다.

주례는 다복을 갖춘 사람이 해야 한다는 어른들의 말씀에 비교적 근접하게 되었기에 기꺼이 부탁을 수락했다. 주례를 처음 서게 되었을 때는 결혼 대상을 잘 알고 확신하는 경우에만 주례를 서자고 약속했다. 결혼에 대한 할 말이 많은 내 생각을 표하는 주례사를 대필하는 일은 즐거운 작업이었다.

내가 한국에 귀국한 지 나흘 만에 그의 제자 주례를 위해 대전에 함께 갔다. 마치는 대로 둘만의 여행을 가자고 그가 제안했다. '제2의 신혼여행'을 기획해 둔 뜻이 고마워 많은 일이 산적했지만 제쳐 두고 함께했다.

내가 미국에 가 있는 동안 한국에 남아 있던 그는 주례사를 직접 써 온 걸로 보였다. 그날은 그가 쓴 주례사를 처음 듣는 날이어서 감개무량했다. 주례사를 요약하자면 '살아 보니 모두가 사랑이더라. 그러니 살면서 깊이 사랑하라.'였다. 그것은 마치 내게 당부하는 말로도 읽혔다. "여보, 나는 당신을 참 사랑하였소. 그러니 앞으로도 사랑하면서 살아갑시다."

돌이켜 보면 신혼 때부터 그는 내게 하고 싶은 말을 직접 요구하지는 않았다. 먼저 행동을 보여 주면서 나를 기다려 준 것 같았다. 양 볼에 빨갛게 부끄러움이 묻어났던 새색시 시절이었다. 첫아이를 임신하여 모르고 생활하다가 약간의 핏빛이 돌았다. 주변에서 누워 있으라고 권했다. 초보 남편은 요리할 줄 몰라 겨우 라면과 토스트를 구워 갖다주는 게 전부였다. 하지만 행동만큼은 여느 황후처럼 대했다. 누운 나를 직접 일으켜 주면서 말했다.

"여보~옹. 일어나세요~옹. 아이코, 우리 예쁜 색시 식사하세요~옹. 맛있게 드세요~옹."

그때, 그가 내게 하고자 했던 당부를 짐작했다. '아내는 남편에게 이렇게 대해 줬으면 좋겠소. 당신은 나에게 애교로 웃어 줬으면 좋겠소.' 뒷날부터 당장 부끄러움을 무릅쓰고 애교를 부리며 사랑스러운 아내 노릇을 하려고 노력했다. 부끄러움이야 한 번만 넘어가면 되는 것 아니겠는가.

피로와 스트레스에 지친 남편을 위해 매일 웃을 수 있는 재미를 기획했다. 어떤 날은 까만 종이로 구레나룻을 만들어 귓가에 붙이고 엘비스 프레슬리 흉내를 냈다. 그 특유의 건들건들거리는 몸짓으로 긴 막대 걸레를 스탠드 마이크 삼아 노래하는 시늉을 했다. 어떤 날은 드레스 룸에 꼭꼭 숨어서 숨바꼭질하고 있다가 그가 들어오면 깜짝 놀라게 했다. 스트립 포커 게임도 했다. 영리한 그와 꾀가 많은 내가 주머니 속에 옷을 많이 구겨 넣어 놓고서 질 때마다 한도 끝도 없이 꺼내느라 결국 스트립 쇼는 보지 못하고 배꼽을 잡고 웃으면서 끝나 버린 적도 있었다.

제자의 결혼식이 끝나고 충청북도의 온천으로 달렸다. 학계에선 석학이 된 지 오래인지라 영향권에 있는 많은 제자 교수들이 한번 모시겠다고 여러 번 권했었지만, 매번 사양해 왔다. 내가 귀국하는 시기에 맞춰 불쑥 여행 패키지를 내미는 바람에 수용하고 제자 교수의 차를 타고 편안하고 즐겁게 지내게 되었다. 신혼 시절 못지않은 정열과 예절로 나를 기쁘고 행복하게 해 주려는 모습은 매력 있어 좋았다. 이젠 중후함까지 갖췄으니 얼마나 멋진 신랑인가. 온천은 장시간 이동의 여독에서 풀어 주기도 했지만, 남편의 뜨거운 열정이 단 며칠 사이에 회춘하게 해 주는 듯했다.

되돌아보면 우리의 결혼생활 여정도 만만치만은 않았다. 열렬히 연애해서 결혼했지만, 매일같이 술 마시고 늦게 돌아온 남편을 현관문 밖에서 세워 놓고 의미 없는 각서를 몇 번씩 수정해 가면서 쓰게 했던 촌극이 떠오른다. 둘 사이는 금실이 극히 좋았으나 원 가족 우선주의 같은 행동 때문에 종종 부딪혔다. 결혼 시작부터 의논 없이 급여 통장을 시부모님께 송두리째 맡겨서 여유 있게 할 수 있었던 유학 생활을 고되게 시작했다. 나 스스로 잘 모시려고 애썼음에도 불구하고 나의 진심은 무시당했다. 내 직장 생활을 배려하기는커녕 시댁 행사가 우선이라면서 시어머니는 사흘이 멀다 하고 강의 중에도 시댁으로 호출하였다. 꾹꾹 눌러 참다가 분노가 치밀 때면 나보다 이성적인 남편이 사랑이라는 말로 다독

거리고 인내해 주었다. 그 까닭에 결정적인 순간 험한 일은 없이 여기까지 온 것 아닌가 싶어 고마움을 느낀다.

요즘 방송 프로에서 쏟아지는 부부 관련 발언들은 큰 우려를 하게 한다. 아내가 무섭고 이런저런 요구를 많이 해서 싫다느니, '아직 좋은 감정이 있으면 애인이지 아내냐.'라는 식이다. 농담으로도 한다지만 그런 발언을 스스럼없이 하는 걸 보면 결혼 적령기에 접어든 딸을 가진 어머니들에겐 보통 심각한 문제가 아닌 듯하다. 결혼한 후 잠시 살아 보고 싫증이 났다며 그저 법적인 관계로서 도리만 하고 산다는 건 서글픈 일이다. 자식 같은 젊은 그들에게 말하고 싶다. '사랑은 노력하는 것'이라고. 진정한 사랑은 정력이 빠지고 기운 떨어져 시들할 때 측은지심으로 서로 바라봐 주는 것. 아껴 주면서 예전의 신혼 시절 같은 애틋함을 찾아가는 노력을 해야 하는 것. 그것이 진정 깊고 성숙한 사랑이며 진실한 부부생활의 재미는 그때부터다.

가끔 산사에 가서 처마 끝에 달린 풍경을 볼 때마다 생각한다. 거기에 물고기를 달아 놓은 의미는 물고기가 뛰노는 바다처럼 화재가 일어나지 않기를 기원하는 의미와 눈을 항상 뜨고 있는 물고기처럼 깨어 있으면서 수행에 정진하라는 의미이다. 결혼생활도 나를 성숙시키고 성장시키는 수행 과정이다. 항상 깨어서 배우자를 위하고 함께 조율하며 살려고 애쓰면 행복은 덤으로 따라올 것 같다는 생각이 든다.

그를 보면 갈수록 얼굴이 훤해져 가는 것을 느낀다. 여태껏 아침마다 머리 맵시와 외모를 다듬어 주고 옷도 더 잘 챙겨 입혀서 그런 것 같기도 하다. 거기다가 자꾸 잘생겼다고 추켜 주니 자신감이 충만해져 어깨가 올라가 그런 모습이 되어 가는 것 아닌가 싶다. 사실 남편은 당연히 그럴 만하다. 평생 날 위해 부모님과 형제들을 위해, 자식들을 위해 아낌없이 주기만 하고 참고 사는 고마운 나무였으니.

자궁을 품고 살아야 하는 처녀가 어미가 되어 가는 과정을 천혜의 진복眞福으로 숭고하게 받아들이기까지에는 오랜 세월의 숙성이 필요했다.

-달집 중에서-

2부
나를 켜다

어머니의 외유 | 미나리 상자가 왔다. 장차 사돈이 될 댁에서 제철이라며 한재 미나리를 보내 주었다. 아들을 의사로 만든 예비 사돈이 무엇이 아쉬워 우리에게 진상하겠는가. 아들의 사랑을 응원하는 모정이 진하게 느껴진다.

삼월에 태어난 날을 기념하며 영화《미나리》를 보기 위해 영화관을 찾았다. 영화의 내용은 지극히 담백했다. 감독은 절제미를 통해서 더 깊은 울림을 연출하려고 했는지 결말도 남달랐다. 불행을 겪은 뒤에 삶의 의지나 희망 그런 것들이 어떻게 다시 자라났는지에 대한 설명도 없이 영화가 끝났다. 한동안 나의 공감 능력에 대해 넋 놓으며 앉아 있었다. 일반적인 영상미와 시각적 잔상은 아쉬웠지만, 향수 같은 진한 기억을 불러오기 시작했다. 1980년대는 미국 이민이 유행했고 미국에 대한 동경과 갈망의 시기였다. 미국에 간 한국 유학생들은 밤새워 공부하면서 금의환향을 꿈꾸던 시절이었다. 영화는 미국 LA와 아칸소를 배경으로 하고 있었다. 영화 속 한국에서 온 어머니가 고춧가루를 꺼내는 장면에서 불현듯 나의 빛바랜 기억도 소환되기 시작했다. 시절과 배경이 영화를 보는 동안 계속해서 반복되어 아득한 그때를 회상하게 했다.

내가 미국이란 신세계에 두려움과 설렘을 안고 공항에 내렸던 때는 1985년이었다. 그 후 2년이 지나 어머니를 초청했다. 자상한 아버지의 보살핌을 받기만 하던 연약한 어머니가 국제선을 타고 오는 일은 대단히 큰 모험이기에 초청해 놓고 기다리는 동안 무척 애를 태웠다. 어머니는 카터 위에 바리바리 짐을 싣고 LA 공항을 나오면서 흥분된 어조로 출국부터 입국까지를 소상하게 얘기했다. 신세계에 대한 기대감으로 한껏 상기되어 있었다. 어머니는 동경에서 살았던 경험으로 유창한 일본어 덕분에 불편 없이 통과할 수 있었다는 무용담을 털어놓았다. 영화에서처럼 집에 도착하자마자 쉴 틈 없이 한국에서 공수해 온 고춧가루를 꺼냈다. 깻잎김치와 갖은 음식 재료들을 내놓으며 기발한 포장 방법을 개발한 아이디어를 쉴 틈 없이 얘기하였다.

다음 날부터 신세계를 탐험하듯 어머니의 호기심은 대단히 용감했다. 말이 통하지 않아도 미국을 두려워하지 않았다. 무엇이 두려웠겠는가. 딸을 뒷바라지하러 온 명목인데. 요세미티와 디즈니랜드에서는 입을 다물지 못하고 밝게 '까르르' 하고 웃었다. 뒤에 앉아 보듬어 주는 사위 앞에 앉아서 쑥스러워하기는커녕 주저 없이 놀이기구를 타고 즐겼다. 그렇게 밝게 웃는 어머니를 난생처음 본 것 같았다. 사교성이 좋아서 한인 성당 교우들과 밤늦도록 노는 바람에 총성이 잦은 위험한 LA에서 어머니를 찾아 나선 일도 잦았다. 아버지의 엄한 단속과 구순 할머니의 시집살이로부터의 해방은 예전 밤마실이 심해서 아버지께 야단맞던 젊은 어머니를 불러온 느낌이었다.

상대방의 말을 경청해 주고 장단을 잘 맞춰 주시는 밝은 어머니였다. 미국 생활이 지루했던 교포 할머니들은 그런 어머니를 서로 자기 집에 모셔 가려고 경쟁했다. 한국에서보다 더 나아진 삶을 자랑하고 싶던 차에 한국에서 갓 넘어온 토종 한국인 할머니를 만났기 때문이다. 어머니는 정말 행복해하더니 급기야 미국에 온 목적도 망각한 듯 미국에서 살겠다고 폭탄 선언을 했다. 교포 할머니들은 어머니께 영주권과 시민권을 위장 결혼이라는 편법을 써서 따는 방법을 알려 주며 어머니를 꼬드겼다. 사위 얼굴에 먹칠할 것 같은 두려움이 엄습했다. 혼자 계신 아버지를 핑계 대며 어머니의 귀국을 서둘렀다.

LA 공항에서 못내 아쉬운 표정으로 돌아서 나가는 어머니의 뒷모습은 송곳으로 찌르는 것같이 마음 짠했다. '나의 안위를 위해 어머니를 신세계에서 밀어낸 것' 같은 죄책감은 원죄처럼 남았다. 부모라면 자식을 그렇게 보내겠는가. 집에 돌아와서 어머니가 챙기라고 당부하고 간 백김치 통을 열어 보았다. 국물 위에 떠 있는 빨간 실고추가 평생 처음 본 어머니의 활짝 웃던 실눈을 닮아 보였다. 그 웃음을 강제로 멈추게 해 버린 죄책감에 가슴이 더 아려 왔다. 어머니의 귀국 후 3년이 지나 한국에 돌아왔다. 적응하느라 애쓰는 동안 가전제품을 비롯해 해 드릴 수 있는 것은 죄다 해 드리면서 최선을 다했다. 갖은 노력을 했어도, 그때의 기억은 화인火印처럼 지워지지 않았다.

그 후 치매로 병원에 입원하신 어머니는 나와 우리 아이들을 볼 때면 활짝 웃으며 정상으로 완치된 듯 보였다. 입시 문제나 학교 얘기를 때에 맞춰 정확하게 짚어 가면서 물어보았다. 그럴 때마다 치매가 의심스러울 정도였다. 나는 방문할 때마다 병상 침대에 올라가 어머니를 꼭 안고 잠을 자고 막내만이 할 수 있는 '찌찌'를 만져 드렸다. 젖을 만지게 되면 어머니는 나의 젖먹이일 때 기억이 소환되는지 안정을 찾는 듯했다. 종종 미국에 갔다 온 기억도 회상하면서 "그때가 꿈같이 행복했다." "꿈을 꾸었던 것 같다."라고 했다. 그럴 때마다 마음껏 머물게 하지 못하고 꺾어 버린 어머니의 낙이 목에 가시처럼 걸렸다. 어머니는 정신을 점차 잃어 가며 희미해졌다. 어머니를 붙잡아 보기 위해서라도 '요즘 나 힘드니 빨리 일어나서 도와달라'고 하면 어머니의 꺼져 가는 듯한 눈에서 비장한 각오를 다지는 듯한 눈빛을 읽을 수 있었다. 아마도 어머니는 내가 울부짖었더라면 저승사자 손에 끌려가다가도 그 손을 뿌리치고 내게 되돌아왔을지도 모를 일이다. 어머니가 93세가 되던 해에 나는 어머니를 세상에서 다시 한번 떠나보내야 했다.

물과 사랑은 그 흐름을 거스르지 못한다고 한다. 자식을 향해서만 흘러내리는 내리사랑. 힘없고 여린 어머니에게조차 강력하게 살아 있는 모성애는 끈질긴 생명력을 가진다. 영화를 보고 나오는 길에는 밤비가 추적추적 길을 적시고 있었다. 그날 밤, 마음껏 피워 보지 못한 어머니의 아쉬운 꿈이 떠올라 돌아가실 때도 참고 있었던 울음이 삐져나왔다. 안개가 품은 습기를 쥐어짜듯 짐승처럼 울부짖는 소리가 꺼이꺼이 터져 나왔다.

잘라도 잘라도 자라나는 미나리 같은 그리움처럼.

대통령 시계 | 나는 시계를 끼고 있습니다. 오래전, 너무나 당연한 말인데도 불구하고 참신했던 국산 시계 광고 대사가 생각난다. 네 명의 남녀가 각각 자신이 끼고 있는 명품시계를 자랑하면서 "나는 로○○를 끼고 있습니다." "나는 에○○○를 끼고 있습니다."라고 했을 때 마지막 한 사람이 나와서 국산 시계를 차고 있는 손목을 보이며 "나는 시계를 끼고 있습니다."라고 했다.

시계는 시간만 잘 맞으면 그만이다. 그게 최고이건만 당연하지 않게 여기는 일들이 여기저기에서 보인다. 나 역시 시계든지 가방이든지 마음에만 들면 오랫동안 간직하며 고장이나 흠집이 생기면 수리해 가면서 쓰곤 한다.

대학생 때 어머니로부터 명품 시계를 받아서 끼고 다닌 적이 있었다. 어머니는 비싼 것에 가치를 두었지만 나는 디자인에 가치를 두고 있어서 끼고 다니는 동안 불편했다. 금색 줄로 중후하게 만들어져 나이가 들어 보였으니 그 나이 때는 부담스러운 것이었다. 우연히 건널목을 지나가다가 시곗줄이 풀려서 하수구 구멍으로 쏙 빠져 버렸다. 애를 쓰면 주울 수 있는 깊이였지만 줍지 않았다. 핑곗거리가 만들어졌겠다, 굳이 주우려고 애쓰지 않고 와 버렸다. 앓던 이가 빠진 것처럼 속이 시원했지만 아까워하실 어머니 생각에 차를 타고 돌아가는 동안 마음은 편치 않았다.

몇 년 전, 그가 대통령상을 수상하게 되어 기념식과 만찬 파티에 참석하였다. 그전에 국무총리상을 받았었는데 학자로서는 더 이상의 수상 종목이 없어 그 상을 끝으로 생각하고 있었다. 우연히 4년 정도 지나서 또다시 기업체 과제 쪽으로 대통령상을 받게 되었다. 상장과 여러 가지 부상이 있었는데 그중 눈에 띄는 건 봉황 아래쪽에 대통령 이름이 새겨진 이른바 '대통령 시계'였다. 돌아오는 길에 이 시계가 명품보다 더 가치 있으니 가보로 남기자는 말을 내가 했다.

내가 결혼 준비를 할 즈음, 비싼 명품 시계와 집, 차를 혼수로 해서 와야 한다는 말을 시댁 누군가에게 들었다. 나도 나름대로 갖췄다고 자부하고 살던 터라 그런 말에 자존심이 용납할 수가 없었다. 지금이나 그때나 세상 이치에 눈이 어두운 내가 순수하게도 희망하던 결혼은 우리 힘으로 맨손부터 자립해서 사는 것이었다.

세상은 생각보다 달랐고 환경은 협조해 주지 않았다. 천주교인들은 외부인과 결혼하기 전 양측 증인을 각자 한 사람씩 세우고 관면 혼배를 해야 한다. 그때 주고받은 은으로 만든 묵주 반지가 원인이 될 줄 몰랐다. 상견례 자리에서 질투가 심한 작은 동서가 시어머니께 고자질한 것이다. 심술이 잔뜩 난 시어머니는 '내 눈에 흙이 들어가기 전에는 예수쟁이는 절대 들어와선 안 된다'는 핑계를 대고 드러누웠다. 그러는 동안 아들을 다른 여자와 맞선도 보게 한 모양이었다.

우여곡절 끝에 결혼하고 미국으로 건너갔지만, 항상 '명품 시계'에 대한 상처가 남아 있었다. 누군지는 모르지만, 사랑하는 여자가 있음을 알면서도 명품 시계와 열쇠 3개를 들이대며 남편의 여자가 되어 보겠다고 했다는 그 여자들과 그 여자들의 부모가 너무 미웠다. 애인이 있는 줄 알면서도 엉뚱한 재물 욕심을 냈던 시어머니가 준 마음의 상처는 은근히 오래갔다. 돈을 가진 자가 돈으로 횡포를 부리는 것은 칼을 가진 자가 칼자루를 마음대로 휘두르는 것과 같다고 생각했다. 그때, 그는 어머니가 원하는 대로 맞선도 실컷 보고 했으니 앞으로는 미국 유학을 가서 노랑머리나 파란 눈의 여자와 결혼하더라도 상관하지 말라는 폭탄 선언을 했다고 한다. 행여 혼혈 손자가 두려웠던 시어머니는 갑자기 결혼을 서두르라고 했다. 앙금은 남았지만, 목표만 보고 가자는 남편 말에 꾹 참았다. 반대하는 바람에 허비한 시간 탓에 엉겁결에 식을 진행했고 남편은 2주 만에 혼자 미국으로 먼저 떠나게 되었다.

결혼식 날 일부러 과장된 미소를 지었다. 과거는 지나갔다. 앞만 보고 살자고 마음먹었다. 기다려 달라는 말도 없이 남자가 연락을 끊은 동안 거식증까지 걸렸다. 우리 부모님의 걱정을 염려해 내색하지 않고 홀로 힘겹게 버텼던 일도 모두 잊기로 했다. 밥 한술 입에 대지 못하고 물로만 연명해 온 앙상한 몸과 꺼칠해진 피부에 최대한 화사하게 신부 화장을 얹었다. 그 당시 유행하던 다이애나 황태자비 스타일 웨딩드레스를 입었다.

아버지 손을 잡고 우아하게 사뿐사뿐 걸어서 신부 입장을 하는 동안 마음속으로 '보란 듯이 잘 살아서 보여 주리라' 다짐했다. '신부가 탤런트 같다' '하늘에서 내려온 선녀 같다'라는 과분한 찬사를 받으며 나 보란 듯이 활짝 웃고 씩씩하고 우아하게 걸어갔다. 아무도 그 웃음의 속뜻을 짐작하지 못했을 것이다. 결혼식 날 웃으면 딸을 낳는다. 웃지 말라고 하라는 시집 누군가의 소리도 들려왔지만, 그럴수록 일부러 더 활짝 웃었다.

쉽게 잊힐 줄 알았던 상처는 잊는 데 15년이나 걸렸다. 심술을 부리면서 한풀이를 하던 시어머니는 우리 집에 들러 15년 만에 고백했다. "엄마가 너희 결혼할 때 천주교라고 반대를 했다. 미안하다. 그런데 천주교 사람들은 겪어 보니 다 좋더라. 그러니 너도 이제 성당 가거라."라는 말씀이었다. 공식적인 종교 활동이 허락되는 순간이었다. "너는 막내로 시집왔지만, 맏이 노릇을 했다."라고 하였다. 그날 밤 잠이 오지 않았고 눈물도 많이 흘러내렸다. '진심이면 하늘도 감동한다.'라는 말이 떠오르기도 하고 시집살이라는 단어도 떠올랐다. 그렇지만 초지일관 내게 잘하는 일등 신랑 남편을 보면 명품 시계가 못내 마음에 걸렸다.

그는 물건에 대한 애착이 없는 성품이어서 대통령 시계를 받고도 끼고 다닐 생각을 하지 않는다. "그게 다 내 덕인 줄 아쇼. 나처럼 복 많은 여자 만나서 지극한 내조를 받으니 이런 것도 다 받게 되지. 사람을 명품으로 만들어 놨잖아요." 조금 낯이 부끄러웠지만, 이 기회에 공치사도 살짝 해 보고 확실하게 쐐기를 박아 두자는 의미였다. "그래, 당신같이 예쁘고 복 많은 여자와 사니 참 행복해요."라며 장단을 맞춰 준다. 팔불출이라고 해도 좋다. 이번 생은 그냥 이대로 콩깍지 끼고 살다가 가고 싶다.

된장 꽃 | 흰 꽃이 떴다. 해마다 하얀 꽃이 뜨면 그해 장맛은 아주 좋다고 했다. 장맛이 좋으면 그해 집안이 잘된다고도 했다. 올해에도 정월 좋은 날을 잘 골라서 장 담글 준비를 한다. 평소 음력을 사용하지는 않지만, 이날만은 꼭 지키려고 애쓴다.

된장은 자연과 협조를 잘해야만 이루어지는 전통음식이다. 무엇이든지 자연과 연관된 일을 하려면 나의 편리함이나 자기 위주의 생활 방식은 버려야 한다는 것을 장을 담기 시작하면서 알게 되었다. 장이 발효와 숙성을 거치면서 깊은 맛과 몸에 좋은 음식으로 거듭나기까지 장 담그는 사람의 마음도 발효와 숙성을 거듭해 나가야 한다.

소금물의 농도를 맞추고 그 물에 메주를 누름돌로 꾹 눌러 놓고 말린 홍고추와 대추 몇 알, 벌겋게 달군 숯을 띄운다. 물속에서 '치지직' 하는 소리와 함께 하얀 연기가 나는 것을 보면 웬만한 불길한 것은 모두 사라질 것 같은 안도감이 느껴진다. 간장이 우러나기까지는 햇살이 좋아야 하고 날이 맑으면 반드시 장독 뚜껑을 열어서 햇볕을 쬐게 해야 한다. 늘 관심을 두고 일기 예보를 미리 챙겨 비가 오지 않는지, 미세 먼지는 없는 날인지도 살펴야 하고 어두워지기 전에 뚜껑도 닫아 줘야 한다. 혹시 이물질이 들어가지 않는지 물 상태도 살펴 가면서 장독을 반들반들하게 자주 닦아 줘야 한다.

직업을 가진 사람이라면 이런 절차와 정성을 제대로 맞춰 나간다는 것이 엄청난 스트레스다. 자연은 내 스케줄에 아량을 조금도 베풀어 주지 않는다. 아침에는 날씨가 흐렸다가도 직장에 있을 때 해가 쨍쨍거리며 밝게 비치기도 한다. 자칫 뚜껑을 열어 놓고 왔을 때 비가 오기라도 하면 빗물이 들어가서 그해 장은 맛을 버리기가 일쑤다. 그렇다고 일하다 말고 장독 뚜껑을 닫으러 집에 올 수는 없지 않은가. 현실과 전통 음식을 숙성시키는 과정은 매번 어긋나서 속상할 때가 부지기수였다. 소금물 항아리에 하얗게 둥둥 뜬 곰팡이를 제거하는 일도 짜증 나게 했다. 오비이락烏飛梨落처럼 이상하게도 시어머니가 장독 뚜껑을 열어 보고 난 뒷날이기에 청결하지 않은 손으로 만지지 않았는지 괜히 의심했다.

시어머니의 요구로 처음 장을 담그게 되었다. 직장을 다니던 때라 속으로 불만을 품었지만, 내색은 못 했다. 그 말을 들은 친정어머니는 역정을 냈다. 직장 다니면서 애까지 키우는 교수 며느리를 여느 전업주부 취급을 한다며 '된장을 사서 먹어라'라고 했다. 주변의 여교수들도 '꼬투리 잡힌 것 있느냐'면서 왜 그러고 사느냐고 의아해했다.

역정을 냈던 친정어머니지만 장을 담가 먹는 막내딸이 신통했던지 몇 달쯤 지나 장독을 열어 보고는 '예로부터 장물에 떠 있는 하얀 곰팡이를 흰 꽃이라고 한다. 흰 꽃이 피면 그해 장맛이 아주 좋을 것'이라고 알려주었다. 처음 장 가르기를 하고 숙성되었을 때 시어머니는 "고소한 냄새가 난다."라며 칭찬하였다. 그때까지 장맛을 잘 몰랐지만, 칭찬받는 것이 좋아서 매번 꾸준히 장 담그기를 해 왔다. 장맛을 점차 알아 갈 때까지는 자주자주 뚜껑을 열었다 닫았다 해야 하는 번거로움 때문에 꽤 긴 세월 동안 장 담그기를 시작하게 한 시어머니를 원망했다.

시어머님이 돌아가시고 난 뒤 우연한 기회에 다른 집의 장맛과 비교하게 되면서 우리 집 장맛이 특히 좋다는 것을 알게 되었다. 그사이에 나도 장맛을 알게 되고 그 맛에 길들여져 있었다. 장을 담그지 않는 사람들에게 나눠 주는 기쁨도 한몫했다. 이제는 매년 된장을 담가 먹는다. 처음 재료부터 엄선하는 공을 들여도 본다. 솜씨가 한층 발전하여 무농약 유기농 콩을 사용하고 암 예방과 당뇨 치료에 좋다는 일명 호박보리된장까지 담그게 되었다. 된장을 담근 김에 마늘고추장이라는 신메뉴까지도 개발을 해 보았고 각종 자연식초와 발효효소도 만들어 본다. 의학계에서는 발효식품이 암을 예방한다고 하니 더 열심히 해 볼 일이다.

이제 자연에 순응하면서 활용하는 방법과 적당한 요령도 터득하였다. 사람이 살아가도록 살려 주는 일을 '살림'이라고 한다. '살림'의 뜻 속에서 음식으로 건강하게 가족을 살리는 일이 매우 중요한 일이며 사람 마음을 차지하는 데도 강력한 힘을 가진다고 믿고 있다. 옛말에도 '천 리 밖에 미인이 살고 있으면 그 미인이 자기에게 와 주기를 바라지만 천 리 밖에 최고의 맛난 음식이 있다면 그는 천 리를 마다하지 않고 달려간다.'라는 말이 있다. 사람 마음을 사로잡는 데에는 처음은 미모지만 그 끝은 음식이라고 생각한다.

햇볕이 따스한 금요일, 우체국에 택배를 부치러 가는 길에서 만난 하얌게 핀 봄맞이꽃이 된장 꽃을 닮았다. 문득 돌아가신 시어머니 생각이 났다. 철없고 어설펐던 며느리가 이렇게 사는 모습을 보신다면 뭐라고 하실까. 시어머니는 당신의 된장 담그기가 우리에게 오래오래 좋은 영향을 줄 것이란 것을 예감하셨을 것이다. 철없던 날, 내 볼멘 모습을 보면서 마음의 불편을 감수하고서도 옳은 일을 시켰던 것이 부모의 진정한 역할이라고 생각했을 것이다. 부모는 된장같이 푹푹 썩어서 좋은 기운으로 발효되고 숙성될 때까지 인내하는 과정을 겪어 가면서 사랑해 주어야 하는 것 같다.

된장 속의 흰 꽃이 아무리 좋다 한들 무한정 그대로 계속 둘 수만은 없는 일이다. 어느 햇살이 좋은 맑은 날 고운 삼베에 걸러 내어 깨끗한 장을 받아야 할 일이다. 어머니가 그랬듯이 나도 간장 위에 둥둥 뜬 흰 꽃처럼 언젠가 제 할 일을 다 한 후 곱게 걸러져서 떠나야 한다.

간장 위에 뜬 하얀 곰팡이 된장 꽃처럼.

달집 ┃ 붉고 푸른 기운이 용트림 친다. 뒤틀리고 휘감고 엉켜 솟구치는 거대한 괴물 형상이 검붉게 소리를 지르고 악을 쓴다. 용오름 같은 검붉은 광기의 화염이 치솟아 시커먼 연기에 하늘마저 그을려 놓았다. 온몸을 태워 낸 비통함과 처절함이 하늘 위로 용솟음친다. 고깔을 엎어 놓은 모습으로 시퍼렇게 파르르 떠는 뜨거운 불살이 검은 바다를 환히 비춘다.

정월 대보름은 예전에는 신명 나게 함께 놀던 날이었다. 연날리기와 쥐불놀이, 강강술래를 외치며 지신밟기를 했다. 사내아이들은 깡통 안에 불을 담고 돌리며 '달집에 불이야'를 운율을 넣어 소리쳤다. 어린 여자아이들은 동네 아낙을 따라 대보름달을 마주하고 기운을 마시듯 숨을 크게 들이쉬고 내쉬며 소원을 빌었다.

달집을 쌓을 때는 불이 고루 뿜으며 속까지 타들어 가게 하도록 잔솔가지를 가장자리에 쌓는다. 불이 타오를 때 총성처럼 '타다닥' 하는 청각적 효과를 더하기 위해 대나무를 세워 놓고 새끼줄로 이엉을 엎어 감는다. 풍요와 생명력을 기원하는 시뻘건 불길이 치솟으면 환호성이 터진다. 농악대가 긴 꼬리를 물고 물리듯 원을 그리며 돌아 나오고 꽹과리 소리 징 소리가 자지러진다.

시뻘건 혓바닥 같은 불꽃이 불똥을 하나씩 튀겨 낸다. 춤꾼들도 덩실 덩실 춤추며 소리 장단과 행렬에 꼬리를 맞춘다. '강강술래 가앙가아앙 수울래' 춤꾼과 소리꾼들이 외치는 합창이 해운대 바닷가를 뒤덮는다. 꼬리에 꼬리를 줄 이어 간다.

대보름달을 맞으러 해운대 백사장으로 모여든 사람들을 속 태우기라도 하듯 정작 보름달은 무대 뒤에 있다. 커튼이 걷히기를 기다리는 주역처럼 구름 속에 숨어 나오지 않고 애를 태운다. 꼭대기까지 올라간 불길이 중간쯤 타고 내려온 달집을 보며 소원을 빌고 빌어도 달은 얼굴을 아직 내밀지 않는다. 풍악과 춤사위는 끝이 나고 구름처럼 몰려왔던 사람들도 하나씩 자리를 떠나간다. 아직 못다 빈 소망이 남아 있는지 잔불이 남아 있는 달집 주위에서 맴도는 사람들은 불씨를 멍하니 바라보고 있다. '쏴' 한 파도 소리만 들려온다.

모두 돌아가고 혼자 터벅터벅 걸어가던 그때였다. 북동쪽 검은 하늘과 고층 아파트와 높은 빌딩 숲 사이로 보름달이 얼굴을 내비치기 시작했다. 몸 사리던 구름이 허리를 다소곳이 굽히며 터 준 길 따라 위풍당당하게도 두둥실 나타났다. 선홍빛 달집이 사라지는 대신에 검은 재가 묻었는지 푸르스름한 빛을 띤 오늘 보름달이 바다 주변을 훤히 비추었다. 하지만 처연한 그믐달을 닮았다.

무엇이 그토록 뜸 들이며 모두가 사라진 이 시각에 얼굴을 내밀게 하였을까. 홀로 남은 이 한밤 내게 은밀하게 들려주고픈 말이라도 있는 것인가. 부풀어 오른 바닷물과 둥근 달의 서슬 퍼런 기운과 기분 때문일까. 엄숙한 자세로 등을 곧추세울 수밖에 없었다.

그날 밤 창문 사이 작은 틈새 바람에 커튼이 나부꼈다. 절벽에서 뛰어내리는 결기로 초야를 치렀다. 잃으면 그날로 목숨을 끊어야 하는 죽음의 경계 같게만 여겼던 두려움이 몸과 마음을 온통 덮고 있었다. 밖에는 달빛이 위풍당당했고 방에선 비릿하고 축축한 아기 동백의 붉은 꽃잎이 면으로 꿰맨 하얀 이부자리 위에 떨어졌다. 상상도 못 했던 아픔이었다. 누구에게는 아팠고 누구는 황홀한 두 가지 다른 신음이 뒤엉킨 첫날밤의 의식이었다. 여자라면 누구나 치르는 첫 경험의 아픔을 아무도 미리 알려 주지 않았다. 모르고 겪어 내야만 하얀빛 순백의 진정성이 더 도드라지는 여자만의 의식 절차였다. 달빛은 사라지고 햇빛이 따갑게 세력을 뻗치는 새날 아침이 밝았다. 못 할 짓을 한 것처럼 부끄럽게 눈을 내리뜨고 식구들의 눈치를 살폈다. 아버지 낯을 마주하기 정말 민망했다.

달을 품는 여자의 자궁은 정화된 밭에 씨알의 잉태를 품어야 한다는 게 어른들의 생각이었다. 달은 생명의 기운덩어리이고 여자는 씨를 품는 땅이다. 창조를 모방해 내야 하는 이브의 후손은 만물의 영장을 품어 키워 내는 정결한 집이 되어야 한다. 해로운 것이며 더러운 것은 함부로 곁에 두지도 않았고 불결한 냄새조차 맡지 않았다. 불길한 소리에는 귀를 닫아 가면서 경건한 생각으로 태를 불려 왔다. 초승달이 보름달이 될 때까지 차고 기울기를 반복하는 달 기운을 받는 여인은 창조의 의무를 신성하게 상속해야 한다. 달처럼 태어나고 달처럼 쓰러지는 붉은 죽음을 매달 겪어 가며 저항하지 않고 달거리를 비밀스럽게 감내해 냈다.

여인의 난자 같은 대보름달이 검붉은 구름이 안내하는 길을 따라 서슬 푸른 위엄을 품고 빙월氷처럼 서 있다. 모든 세상의 기운이 제자리를 찾고 고개를 숙인다. 파도가 일어도 변함없는 달의 기운은 바다의 세력도 다스려 가며 달집 속에서 벗어나 하늘로 치솟아 오른다. 다산과 풍요를 기원하던 염원은 옛것이 되고 관광 상품으로 되어 버린 대보름달을 맞는 오늘이다. 숙명인 줄 알고 살았던 잉태도 선택이 되었다. 존귀한 의무인 줄 알았던 남자의 열정을 거부해도 되는 날이 왔다.

여인에게 씌워졌던 숙명을 천혜의 왕관인 줄 알고 빌고 빌었던 염원. 어머니의 고통을 보던 딸이었을 적에 품어 보았던 성 평등 의식을 다시 떠올린다. 이율배반적 풍습이라고 토로할 때 운명으로 여기라던 어른들 가르침. 암묵적인 억압과 저항하던 마음도 달집 속으로 스며들었다가 타오른다. 완경의 세상 이치는 수평선처럼 평온하게 다듬어져 가고 있다. 여성성이 시작되면서 뜨거웠다가 싸늘해진 완경을 겨우 받아들이는 안정 찾기가 마치 대보름 달집 놀이 같다.

땅의 포용심을 담은 달집. 자궁을 품고 살아야 하는 처녀가 어미가 되어 가는 과정을 천혜의 진복眞福으로 숭고하게 받아들이기까지에는 오랜 세월의 숙성이 필요했다. 꽹과리와 북, 징, 장구 사물의 농악 소리가 천지를 달래 주었던 탓인가. 늦게 나온 달은 온화한 낯빛으로 밝아져 간다. 해운대 바닷가 파도 소리에 내 마음을 혼자 달랜 탓일까. 흙과 동화되는 달집 잿가루처럼 발걸음이 서서히 가벼워진다. 달집 검은 그림자도 하늘로 사라진다.

나를 켜다 | 차가운 손으로 깨웠다. 새벽 미사를 다녀온 어머니가 흔들고 재촉하는 바람에 하는 수 없이 눈을 비비고 나가 보았다. 나지막한 키에 보랏빛으로 한가득 모여 앉았다.

"영판 너 닮았다. 마당에 가서 꽃 좀 봐라."

실망스러웠다. 단국화라고 했다. 기왕이면 장미같이 누구에게나 미모를 인정받는 화려한 꽃을 닮았다 할 것이지 아무도 알아주지 않는 저런 꽃을 닮았다 하시나 싶었다.

"자세히 보면 별같이 차-암 예쁘다."

어머니는 시큰둥한 나를 설득하려고 애썼다. 어머니의 꽃밭에는 온갖 종류의 예쁜 꽃들이 해마다 피어났다. 공상에 젖어 꿈꾸는 나에게 그때 꽃들은 지나쳐 가는 그림에 불과했다.

결혼 후 아이들을 데리고 친정에 들렀을 때다. 오랜만에 들러본 친정의 안방에는 따끈한 방바닥에 이불이 깔려 있었다. 이불 속에 손을 쏙 넣어 보니 온몸이 녹아내리듯 나를 빨아들였다. 어느새 깊은 잠이 들었다. 오랜만에 진한 휴식의 잠을 푹 잔 것 같았다. 깨어나 보니 아이들도 어머니도 보이지 않고 고요한 정적만 흐르고 있었다. 오랜만에 집에 와서 기절한 듯이 쓰러져 자는 직장과 육아에 지친 딸이 안쓰러웠을 것이다. 충분한 휴식을 취하게 하고 싶은 어머니의 깊은 배려였을 것이다.

어머니를 찾아 마당으로 나가 보니 그날도 여전히 꽃밭에는 나를 기다린 듯한 꽃들이 가득 피어 있었다. '단국화'라고 일러 준 보랏빛 꽃도 가득 모여 있고 이름을 잘 모르는 여러 꽃이 울긋불긋 일렁이며 피어 있었다. 어머니는 아침에 눈을 뜨자마자 꽃부터 먼저 보러 간다고 하였다. 어머니와 아버지는 자신이 좋아하는 꽃과 나무가 더 잘 번지게 하려고 서로의 꽃을 뽑거나 꺾어서 언성을 높이는 날이 잦다고 했다. 그때도 눈에 띄지 않는 '단국화'라는 꽃을 애써 외면하였다. 남다른 개성을 추구했던 내가 바라보기에는 은근히 성에 차지 않았다.

미국에서 귀국 후 아파트 베란다에 꽃을 가득 들여놓고 숲처럼 가꾸며 살았다. 소리가 예쁜 새들도 암수로 열 쌍씩 풀어서 키우기도 했지만, 욕심이 더 커져서 넓은 정원을 가꾸고 아침마다 새가 찾아와 주는 그런 곳을 꿈꾸게 되었다. 중년이 되면서 노후를 보낼 만한 집을 구하러 다니다가 우연한 기회에 정원이 딸린 바닷가의 아파트를 사들이게 되었다.

생각해 보니 결혼 전까지는 항상 꽃이 있는 집에서 살았다. 어릴 때는 정서적으로 풍부한 오빠들이 어디선가 꽃씨를 받아 와서 봄마다 심었고 그 꽃들은 울타리를 타고 올라가 활짝 웃고 있었다. 그런 오빠들이 장성해서 모두 집을 떠난 후에 어머니 아버지는 여유로운 노후를 꽃을 벗 삼아 지냈다. 꽃을 보면서 자랐던 나는 어느새 꽃을 좋아하는 어머니를 닮아 있었다. 꽃을 가꾸고 있노라면 시간이 언제 흘러갔는지 모를 정도로

흠뻑 빠져 버린다.

이삿짐을 옮겨 정리하고 안정이 될 무렵 추구하던 정원을 만들기 위해 꽃시장을 찾아갔다. 화려하게 예쁜 계절 꽃들도 있고 꽃나무들도 있지만, 월동과 여러해살이를 하는 꽃이라야 정원에서 키울 수 있어 결국, 들꽃 집으로 들어갔다. 순간 특별하지 않은 꽃이 반짝이며 내 눈에 쏙 들어왔다. 화분에 그득 모여 수북하게 피어 있는 청보라. 자세히 보면 오묘한 보라색이면서 짙지 않고 햇빛에 반사되는 면면이 다른 색깔로 비치는 꽃이었다. 마치 까고 또 까는 겹겹의 양파처럼. 큰 화분 두 개를 사다가 거실에서 정면으로 바라보이는 곳에 심어 두었다. 자꾸 볼수록 정겨워지고 사랑스러워지는 꽃이었다.

어느 날, 놀러 온 지인이 정성껏 가꾼 꽃들이 핀 나의 정원을 보고 감탄을 쏟아 냈다. 그리고 최근에 사서 심은 꽃이 그동안 잊고 살았던 '단국화'라는 것을 알려 주었다. 어릴 때 어머니가 날 닮았다고 했던 단국화. 오랫동안 바라보고 있으면 어머니가 어떤 마음으로 그 꽃을 닮았다고 하셨는지 이제야 알 것 같다. 자세히 들여다보면 특징이 드러나는 꽃. 한눈에 들어오는 화려한 꽃보다도 서서히 오감이 작동되는 질박한 느낌이 훨씬 더 오래간다.

오글오글하던 네 명의 자식들이 모두 객지로 떠나고 허기처럼 사람이 고픈 날. 이유도 없이 서글픈 생각이 거품처럼 일렁이는 일이 종종 생겼다. 누구에게도 위로받지 못하는 그런 날이 잦아질 때부터 봉사 활동을 다녔다. 그런 날은 도우러 간 것이 아니라 받아오는 기쁨이 더 큰 날이다. 내게 유일하게 위로를 건네는 치유 방법이다. 봉사 활동을 위해서 준

비해야 할 것들이 무척 많고 소비하는 시간도 많다. 내 시간의 대부분을 그 준비하는 시간으로 보낸다. 기왕 하는 것 성실하고 정성을 다하고 싶은 마음이 생겨서다. 그렇게 준비하다 보면 쓸쓸하거나 부정적인 생각들이 저절로 사라진다.

어머니는 칠십 대 후반까지 꽃을 가꾸면서 이웃에 누워 있는 환자들의 대소변을 치워 주는 봉사 활동을 했다. 우연하게도 내가 꽃과 봉사하는 것을 닮아 가고 있다고 느꼈다. 건강이 허락하는 한계 안에서 지속하고픈 욕심도 생긴다. 요즘 느끼는 감정은 '내 인생에서 이렇게 행복한 날이 다 올 수 있구나.' 싶다. 감사한 마음이 마르지 않는 샘처럼 연거푸 솟아나는 일상이다.

나이가 들어 가면서 어머니가 꽃을 가꾸었던 이유를 알 것 같다. 어렸을 땐 누구하고든 사교성이 좋았지만, 사춘기를 지나면서 선별적인 교제로 바뀌는 나를 염려했던 것일까. 그것은 아마도 지체 높은 집안에서 곱게 자라 결혼 후 피난살이 하러 온 거친 이웃들과 동화되기 어려웠던 어머니가 신앙과 봉사를 통해 섞일 수 있게 되기까지의 여정을 단국화 꽃 무리 속에서 투영해 보지 않았을까.

이른 아침 찬 손으로 깨워 함께 바라보고 싶어라 했던 이유를 이 나이가 들어서야 조금은 알 것 같다. 화려한 꽃들 사이로 헤집고 펼쳐서 들여다봐야 보이는 단국화를 좋아했던 의미. 꽃밭에 앉아 세월의 현을 켜듯 꽃들에 박힌 나를 보고 있노라면 하늘에 계신 어머니께 전화하고 싶은 충동이 불현듯 일어난다. 햇빛 찬란히 꽃들이 빛나는 날은 더욱더 그렇다.

"엄마, 나 잘살고 있는 것으로 보여요."

꽃같이 예쁘다던 어머니의 음성이 귓가에 생생하게 들려오는 듯하다.

"그래, 이제 너도 단국화가 좋아 보이는 나이가 되었구나."

가시의 상처 | 몸부림이다. 아니, 칼부림이라고 말해도 과하지 않을 것 같다. 마치 두 개의 칼을 양손에 쥐고 마구 흔들어 대는 무당의 칼춤 같다. 다칠까 봐 살풋 묶어 두었던 끈마저 풀어헤치고 가지끼리 생채기를 내며 불규칙한 살풀이를 하는 것 같았다.

이사를 오게 되면서 울타리에 수북이 쌓이는 빨간 덩굴장미를 심어 보고 싶었다. 덩굴장미를 심고 거름을 듬뿍 주어 정성을 다했다. 가시가 울타리로서도 제법 좋은 역할을 해 줄 것으로 생각했다. 보호받고 안정된 생활을 위하여 외부로부터의 침입을 막는 울타리가 필요했다. 가장 쉽고 효과적인 방법으로 침입을 막는 것은 가시가 붙은 식물이라고 생각했다. 심은 지 2년 후 짙은 빨간 장미가 오월에 맞춰 꽃송이가 올라와 가냘픈 가지를 감당하기 어려울 만큼 수북이 매달렸다. 색깔이 고와서 사진을 찍는 행인들도 있었다.

하필이면 장미꽃이 만발하던 날, 태풍급의 돌풍이 폭우와 함께 불어왔다. 덩굴장미가 있는 자리는 바람을 맞는 울타리 위라 다 피워 보지도 못한 꽃잎이 흩날리며 떨어져 버렸다. 가지가 바람에 흩날리는 모습은 마치 정신없이 쳐 대는 채찍질이나 무당의 칼춤 같아 보였다. 꽃은 떨어져 주변 잔디밭을 선홍빛으로 점점이 물들이더니 바람에 흩어져 버려서 흔적조차 남지 않게 되어 버렸다. 강한 바람 때문에 장미 가지끼리 서로 상처를 내어 태풍 후에도 거의 살아날 가망성이 없어 보였다.

내게 집을 팔고 간 우 교수님은 오래전에 정원 둘레에 가시가 있는 피라칸사스 나무를 심어 놓았다. 처음 이사 올 때만 해도 엉성하던 나무는 몇 년이 지나자, 촘촘하게 자랐다. 봄에는 하얀 꽃을 환하게 피우고 겨울에는 빨간 열매가 꽃처럼 피어 지나가는 이들을 즐겁게 했다. 해가 갈수록 나무는 너무 많이 자라더니 굵어진 튼튼한 가시가 서로 엉켜서 가을마다 전지하는 일은 큰 고통이었다. 겨우 짬을 내어 일정한 높이로 가지를 잘라 내면 다음 해에는 몇 배의 왕성한 세력으로 튼튼하고 더 많은 가지를 내는 것이 가시나무의 특성인 줄 미처 몰랐다. 곁의 탐스러운 수국나무의 영역까지 침범해서 결국은 큰 결심을 하고 전지 톱을 사다가 모두 베어 버렸다. 뿌리까지 파내고 그 위에 독한 화학품까지 부어 놓았다. 그 일은 시간과 노력도 많이 소비될 뿐만 아니라 온몸이 가시에 찔려서 상처를 만들 만큼 끔찍한 고생을 했다. 나를 지켜 줄 것으로 믿었던 가시는 결국 나를 찌르는 가시가 되어 버렸다.

장미를 너무 사랑하다가 장미 가시에 찔려서 죽었다고 알려진 시인의 이야기가 있지만, 사람들은 가시가 무서워 장미꽃을 밀어 내진 않는다. 상처가 두려워 사랑을 포기하지도 않을 것이다. 그러나 그 가시보다 더 아픈 가시는 역시 사람의 마음을 아프게 하는 말의 가시다. 사람들은 흐르는 물에 돌을 던지듯 말을 쉽게 해 버리지만 듣는 사람은 가슴에 새겨진 기억을 껴안고 살아가기도 한다. 인류 역사가 시작된 이래 총칼에 의한 사상자보다 한 치 혀의 말에 의한 사망자가 더 많다고도 한다.

나무의 가시는 자신을 보호하고 지키려는 목적으로 사용된다. 돌풍 속 장미 가시는 오히려 자신에게도 상처를 내는 모습을 보여 주고 있다. 가시에 찔린 상처는 치료가 쉽게 될 수 있을지라도 남이 자신에게 던진 말의 상처는 치유도 쉽지 않다. 치유의 기간도 오래 걸린다는 것을 주변을 통해서 많이 겪어 보게 된다.

삼십 대의 내 삶은 마치 전쟁과 같이 치열했다. 세상의 공격으로부터 우리 가족을 지켜 내야 한다는 전투력으로 방어하며 살았다. 나의 얼굴에 새겨진 강한 표정의 쌍심지는 정작 내가 보호하려고 했던 소중한 아이들에게도 무섭고 엄한 엄마의 모습으로 새겨졌을 것이다. 외부의 공격으로부터 보호하려 했던 내 방어력은 나 자신까지도 해쳐서 결국 몸져 시름시름 헤매기도 했다.

자신에게조차 엄격하던 어느 날 퇴근하고 그저 편한 복장으로, 아이들도 놀던 옷차림 그대로 입힌 채 음악회에 다녀온 날, 깨닫게 되었다. 나름대로 격조 있게 남들과 차별화하고 격식으로 아이들을 보호하려고 했던 것들이 도로 옭아매고 있었다는 사실이었다. 흐트러진 옷차림에도 아이들은 행복해했고 자유로워했다. 마치고 나온 아이들은 연주회에서 들었던 음악을 흥얼거리며 날갯짓하듯 문화회관의 광장에서 춤을 추고 있었다. 평소 보였던 조심스러운 표정도 없어졌다.

격식이나 의식조차도 강요하게 되면 말의 상처만큼 상처를 줄 수도 있다. 어릴 때부터 교양 교육을 한답시고 집에 오자마자 격식 차려서 정장을 갖춰 입히고 네 명의 아이들을 씻기고 머리까지 단장해서 공연 시간에 맞춰 데리고 나간다는 건 좀처럼 쉬운 일은 아니었다. 그러기 위해서 민첩하고도 정확하게 일을 처리해 놔야 하고 항상 제자리에 있도록 좀 더 엄격해야 했고 날카로운 말도 해야 했다. 천천히 기다려 주면서 시간을 할애해 줄 수 있는 여유가 당시에는 없었다.

인생길을 뒤돌아보면 많은 상처는 흉터로 얼룩져 있다. 그것은 가장 가까운 사람의 가시에 찔린 상처가 대부분인 경우가 많다. 가시는 형벌과 동시에 상대방의 고통을 즐기는 가학적 심리가 인간의 내면에 존재한다는 것도 깨달았다. 상처를 주는 줄 알면서도 던지는 가시 돋친 말과 상처를 주는 줄 모르고 의도치 않게 내던진 무심한 말 한마디가 있다. 생각 없는 우리의 언어가 상대방에게 상처 주는 원인이 된다면 지금 우리가 시원하게 내지르고 싶은 비난의 그 한마디를 속으로 삼켜야 한다. 무심코 내던지는 모르고 지은 죄에 대하여 책임감을 느껴야 할 것이다. 매일의 성찰을 통해 인내와 자제력을 갖고 살아야 하지 않을지 자성해 봐야 할 일이다.

김치가 미쳤다 | 더위를 먹은 탓인가 보다. 사각거리는 햇김치보다 조금은 쿰쿰한 냄새를 풍기는 묵은 김치 생각이 난다. 묵은 김치를 물로 살짝 헹궈 내고 길게 한 번 정도 잘라서 긴 접시에 담아 참기름을 한 방울 살짝 떨어뜨렸다. 그 위에 고소한 깨를 살살 뿌려서 먹으면 사라졌던 입맛도 돌아온다.

예전 추운 겨울, 초등학교 친구 미경이 집에서 땀이 나도록 늦은 밤까지 뛰놀다가 친구를 따라 뒷마당에 수북이 모여 있는 장독대로 갔다. 그중 제일 큰 김장 단지 속에서 꺼내 준 친구 어머니의 김장김치를 줄줄 찢어 먹고 배추 사이에서 기가 막히게 맛 들어 있던 사이다 맛 같던 무김치까지 건져 먹었다. 매서운 추위에 오로지 매운 김치가 전부였지만, 이마엔 매운맛에 땀이 줄줄 흘렀던, 부족했어도 그때가 좋았다.

대학 1학년 여름 방학 때 농촌 봉사 활동을 갔다. 한낮 더위에 몽롱해진 정신으로 겨우겨우 일손을 도왔다. 어둑한 저녁이 찾아오면 그나마 식혀진 열기를 우물물로 대강 씻어 내고 곯아떨어졌다. 냉장고도 없는 초등학교 교사에서 대충 자리를 깔아 숙식 장소로 삼았다. 봉사 단원들의 밥을 준비할 때 마을의 이장님이 막 담근 겉절이 김치를 갖다주었다. 여름 배추인데도 불구하고 기가 막힌 맛이었다. 신선하게 맵고 자극적이며 맛깔스러운 생김치 맛이었다.

어설픈 결혼생활을 일궈 나가기 시작할 때였다. 무엇을 하든 칭찬해주고 북돋아 주는 남편 덕분에 행복하고 재미있게 잘 살았다. 두 사람이 만나 여섯 식구가 되었으니 숫자 계산상으로 남는 장사였다. 엄마가 된다는 일을 감히 상상도 못 했던 내가 어떻게 그런 큰일을 치르며 왔는지 스스로가 대견했다. 둘 다 경험도 모자란 시절이었고 작은 존재에 불과했지만, 곁의 여러 식구를 챙겨가면서 살던 시기였다.

김치는 여러 종류의 맛의 단계가 있다. 생김치 맛김치 혹은 신 김치, 묵은 김치. 펄펄 살아 있는 배추가 소금에 절여지고 빨간 고춧가루와 젓갈과 같은 양념, 김칫소로 곁들어진 생김치를 나는 무척 좋아한다. 그렇다고 신 김치를 싫어하는 것도 아니다. 신 김치는 맛이 든 아주 짧은 시기, 그야말로 젖산균이 가장 활발할 때의 톡톡 쏘는 듯한 사이다 같은 김치 맛을 좋아한다.

김치가 맛이 들려면 저온에서 서서히 숙성해야만 하는데 급한 마음에 발효를 빨리 시키려고 상온에서 갑자기 익히다 보면 아주 독한 신맛이 난다. 그야말로 맛도 없고 젖산균도 적은 신 김치가 되어 버린다. 그런 김치는 찌개, 김치전, 그 무엇으로 응용하여도 맛이 없다.

묵은지 김치를 만들려면 더욱 그렇다. 저온에서 일 년 이상 푹 삭혀서 깊은 맛이 우러나도록 숙성시켜야 한다. 김치가 제각각의 매력적인 맛을 낼 때 참으로 중요한 시기가 숨어 있다. 신맛을 내기 직전의 단계이다. 생김치도 아닌 것이 시거나 맛든 것도 아니다. 맛이 없어서 아무도 관심을 두지 않는 그때를 나는 '김치가 미쳤다'라고 부른다. 맛있게 익기 위하여 반드시 건너가는 단계이다. 좀 참아야 하고 조금 더 기다려야 하고 조금은 조심하고 맛있게 익기 위해 조신해야 하는 때이다.

돌아보면 산다는 것은 김치처럼 익어 가는 과정인 것 같다. 어르신들은 '다 지나갈 것이며 힘든 경험들이 훗날 네게 도움이 될 것'이라고 했다. 당시로선 믿기 어려웠지만 지나고 보니 진정으로 성장시키는 좋은 자양분임을 고백한다. 애태우며 가슴 졸이고 침묵해야 하는 과정도 겪었다. 사랑이 무엇인지 몰랐지만, 사랑의 참모습과 깊이와 방법을 겪으면서 서서히 깨달아 가게 되는 것 같다.

김치가 만들어지기까지는 일곱 번을 죽어야 한다며 명상의 소재로 삼기도 한다. 김치가 여러 단계를 거쳐 가면서 맛을 내는 과정은 과학적이면서 조상들의 지혜가 담긴 문화이다. 무엇보다 김치는 인생에 비유되기도 한다. 인생에서도 '김치가 미친 때' 같은 시기가 찾아온다. 요동치지도 말고 흔들리지도 말고 해 오던 그대로 발효되고 숙성되기를 기다리는 침묵의 단계. 나지막하게 숙여 겸손해야 하고 조용한 소리에도 경청할 줄 알아야 하는 시기. 지금 나는 그 시기를 맞이하고 있다. 늙었다고 하기에는 깊지 않고 젊다고 하기에는 가볍지 않은 그런 나이이다.

'김치가 미쳤다.' 마지막 불꽃을 뜨겁게 태워 보고 싶은 욕망이 불끈불끈 솟아오름을 간신히 억누른다. 종교적으로 의지하면서 절제하려 애쓴다. 한 번뿐인 생이라고 생각하면 억울하고, 그렇다고 다른 생으로 갈아타기에는 《차타레 부인의 사랑》과 같은 큰 모험을 불사해야 한다. 다른 것으로 바꾸지 않으면서 내 삶을 다듬으며 좀 더 성숙하기를 기다리려고 애쓴다. 가끔 나의 노후는 어떨까 상상을 해 본다. 여태껏 살아온 길은 비밀의 수수께끼를 하나씩 풀며 걸어온 것과도 같다. 노년의 삶도 내가 살아가는 동안 새로운 깨달음을 줄 것이다. 살아온 것처럼 비밀의 방문을 하나씩 열어 가면서 그 방안의 수수께끼를 풀어 나가는 재미도 있을 것이라 기대해 본다.

묵은 김치가 그립다. 찌개를 끓여 먹기 위해 묵은지의 양념을 씻어 내고 푹 삶으면 허물거리는 섬유질의 부드러운 식감과 우러나온 시큼한 맛은 역시 세월에 젖은 맛과 향이다. 새 김치의 아삭거리는 신선한 맛도 좋지만 오랜 시간 정성과 인내로 곰삭은 묵은지의 특별한 연륜의 향에는 못 미치리라. 내 생이 마감하는 날까지 깊은 김치 향이 되기 위해 절제하며 살고 있다. 미련을 버리고 단념했던 내 한 번뿐인 소중한 삶이 은은한 향기로 자손들에게 남겨졌으면 하는 바람을 가진다면 노욕이 될까.

차라리 저 그믐달이라도 되고 싶다. 원한이라도 품고 있으면 그나마 살아가는 힘이 생기니까. 그러니 가진 것이 없다고 불평하지 말아야 한다. 부족하니까 사는 것이다.

-차라리 그믐달이라도 중에서-

3부

아듀, 미세스 리

기차는 8시에 떠났다

아듀, 미세스 리

섬, 섬, 섬

인생의 복병

차라리 그믐달이라도

바위틈에 핀 봉선화처럼

기차는 8시에 떠났다 | 비 오는 날, 차 안에서 슈만을 듣는다. 슈만인 줄 몰랐던 때부터 밤새워 가며 그의 음악을 들었다. 카세트테이프가 늙은 황소의 혓바닥처럼 늘어져 너덜너덜할 때까지. LP판이 어지럼증에 지쳐 튕겨 내려 꿀렁꿀렁할 때까지 밤을 넘나들었다. 〈트로이메라이〉는 여고 시절 나를 토닥여 준 자장가였다.

다시 슈만을 들으며 남자의 사랑에 대한 깊이와 온도에 귀를 기울인다. 애간장을 졸이듯 피아노 위를 조이며 건너가는 손가락은 당길 듯 말 듯 온 힘으로 저항하다 간신히 건반을 옮겨 다닌다. 창자가 땅기는 듯한 아픔으로 소유에 대한 감사와 동행에 대한 경의를 표현하며 건너간다. 여성 피아니스트들의 연주는 표현이 강렬하고 박력이 넘친다. 사랑의 청혼이 그러하기를 바라는 것 같다. 남성들의 연주에는 애절하고 간절하며 찌릿한 슬픔과 환희가 공존한다. 슈만의 〈헌정〉이다.

사랑이 머물고 있었을 때는 깨닫지 못한다. 사랑이 떠나고 난 후에야 비로소 사랑을 알게 된다. 남자는 사랑을 배설로 푼다고 한다. 그들은 쉬운 사랑부터 깊고 힘든 사랑을 모두 섭렵한다. 종종 그들은 남의 집 화장실을 빌려 쓰듯 배설을 가벼이 여기곤 하지. 그러다 참사랑을 만나면 바보처럼 히죽거리며 코를 벌렁대고 눈은 실처럼 가늘어진다. 모든 지적 계산 능력은 그 순간에 멈춰 버린다. 숨길 수 없는 증상인 재채기와 사랑은 시작 증상이 나타나는 순간을 주변이 먼저 알아차린다. 그리고 아픔이 곧 사랑의 다른 이름이라는 것을 깨닫게 된다.

남자에게 사랑이 없는 삶은 의미가 없다. 평생 사랑을 찾아다니는 방랑자이다. 정작 사랑이 영원한 소유여야 한다고 갈망하지만 사랑 없이도 평생을 살 수 있는 여자와는 대조되는 삶이다. 여자에게는 내리사랑이라는 대체 기능이 존재하기 때문이다.

상처를 대하고 나면 깊은 속내까지 죄다 보여 줄 수 있는 상대를 찾기가 어렵다. 사람에게 털어놓는 일은 후일 공격의 도구가 될 수 있는 빌미를 제공하는 어리석음의 발로다. 오래된 이성 친구를 만나 그나마 속내를 보여 본다. 국가고시를 앞두고 내게 결혼 프러포즈 했지만 친한 남자친구를 영원히 갖고 싶다며 거절했던 친구다. 동갑내기에 어렸지만, 그의 철학을 존중했다. 농담처럼 말했다. “세 번의 결혼 기회가 주어진다면, 그때 네가 혼자라면 마지막은 너에게 갈게. 받아 줄 거지.”라고 웃으면서 말했다. 과장된 걸 크러시를 웃으면서 잘도 받아넘겨 준다.

청춘이었을 적, 콩깍지가 씌었어도 모자랄 판에 눈웃음치는 나의 눈꼬리에 주름이 생겼다며 결혼하자 했다. 마치 선심 쓰는 양 자존심을 긁었다. 중년을 넘기고 만나 처음으로 ‘넌 그때 날 사랑하지 않았어.’라며 거절 이유를 말해 주었다. 친구의 표정이 묘하게 일그러졌다. 그때 그는 겨우 25살밖에 안 된 어린 남자였다고 변명했다.

그것이 이유가 아니라 한때 루 살로메처럼 살려고 해 봤다. 성을 초월하여 정신세계와 악수하는 관계. 그 시도는 결국 삼각관계나 질투의 세계를 만들어 버리는 해프닝으로 실패했다. 플라토닉이 에로스를 이길 방법은 없다. 플라토닉이 선이라면 에로스는 선과 악이 동맹을 맺었으니까. 플라토닉과 사를 예찬하고 이어령의 '하나의 나뭇잎'을 만나 몸살을 앓고 있을 때였다. 루 살로메를 동경하던 그 시절이었다.

그때 외길밖에 없는 철로 위를 거침없이 전력을 다해 달려오는 기차가 있었다. 순간, 차 속에서 손 내밀어 내 손을 거세게 낚아챈 그에게 끌려 얼떨결에 동행이란 기차에 올라타 버렸다. 목적지는 언제나 그의 결정으로 정해졌다. 특실인 줄 알았으니까. 정차역도 모르고 목적지를 모르고도 행복했다. 지나치는 풍경만으로도 즐거웠다. 그것은 혼자만 느꼈던 것일까.

기차는 시간을 싣고 달린다. 그때 달려온 기차에서 내민 그의 손을 잡지 않았더라면 나는 어찌 되었을까. 관계와 과정에서 깨닫는 생활 철학, 성숙과 평형감이 가져다주는 삶의 운율을 깨달을 수도 있었다.

늙다리 정치인이 내민 손을 따라 홍보 담당으로 정계에 입문했을지 모른다. 어쩌면 보호받는 울타리가 없어 불안한 정조마저 매일 밤 위협을 받으며 초조하게 살고 있을지도 모를 일이다. 노처녀 여교수로서 나보다 더 나이가 많았던 남자 제자들의 호기심 대상이 되어 밤마다 그들의 술상에 안줏거리로 얹혀 씹히는 신세가 되었을 것 같기도 하다.

살갗이 타들어 가는 뜨거운 여름날이었다. 어두워지기 시작할 무렵, 동행이란 이름을 단 기차는 인생의 8시쯤에 성하의 풍경 속으로 홀연히 떠나 버렸다. 낯선 간이역에 나를 홀로 매정하게 남겨 두고서. 자정이 되려면 아직도 깊고 푸른 밤을 지루하게 지나야만 할 것 같았다.

어둑어둑한 낯선 길에서 이방인처럼 홀로 남아 시골집 굴뚝 위로 모락모락 피어오르는 연기를 절실하게 부러운 눈길로 한동안 바라보았다. 촌집 부뚜막 아래 세숫대야에서 올라오는 다이얼 비누 거품 향기를 머금은 고소한 밥 냄새가 그리워 순간 허기를 느꼈다. 지난날 따스한 습관 같은 두레상 기억이 떠올라 잠시 유혹을 느낄 뻔했다. 그럴 때마다 구멍 뚫린 빈 가슴에서 새어 나오는 바람이 모래알처럼 서럽게 쏟아져 내렸다.

다시 기차들은 개보수하고 예전 그때처럼 자갈밭 철길 위를 달려오고 있다. 연이어 달려오는 숱한 열차 창가에는 그를 닮은 낯익은 이는 보이지 않는다. 그가 동승하지 않은 기차는 더는 나에게 기차가 아니듯이, 기차가 싣고 가는 시간도 나에게 무슨 의미를 지니고 있을까 싶었다.

그 후 얼마간의 시간이 흘렀을까. 나에게 기차는, 또, 시간은 개념이 바뀌어 가고 있었다. 어쩌면 새 아침 해를 마주하고, 또다시 전력으로 달려오는 외길 기차 속에서 누군가가 손 내밀어 세차게 끌어당길지도 모를 일이다. 그렇다고 하여도 이젠, 얼떨결에 영문도 모르고 오르는 승차는 두 번 다시 하지 않으리라. 설령, 그 차가 마지막 기차, 특실 특등석이라고 해도.

아듀, 미세스 리(adieu, Mrs. Lee) | 온실 유

리 천정이 산산조각이 났다. 폭발과 함께 공중으로 붕 떠올랐던 몸이 물속으로 서서히 가라앉는다. 수압은 귀가 먹먹하도록 묵음을 만들고 흐릿한 영상만 의미 없이 왔다 갔다 한다. 머리카락은 물결 따라 흐르고 눈과 입조차 움직이지 못한 채 모든 것이 정지해 있다.

서서히 바닥으로 가라앉을 때까지 숨을 참는다. 숨 쉴 엄두조차 내지 못한다. 몸은 내 것이 아니었다. 감각과 의식과 판단을 가눌 수가 없다. 몸뚱이가 서서히 수면 위로 떠오른다. 멍멍했던 숨구멍이 물 위로 드러난다. '뚜우' 하는 환청이 들리면서 정신이 조금씩 깨어난다. 서서히 눈을 들어 사물을 인지하게 되었을 때는 그가 떠나고 2개월이 어이없이 지나가 버린 뒤였다.

"놀라지 마세요. 돌아가셨습니다."

한 남자의 63년 세월이 전화에서 들려온 간단한 문장 하나로 마름질되었다. 화려했던 공적과 실적들이 마침표 하나로 끝나다니 어이없다. 가슴이 내동댕이친다. 곧바로 안방 화장대로 향했다. 기정사실이라면

서둘러 간다고 해도 묘수가 없다. 죽은 사람의 체면을 구길 수는 없다는 최후의 의연함으로 머리카락을 다듬어 올린다. 검은 옷매무시도 가다듬는다. 흐트러진 모습과 흐릿한 눈빛을 숨기기 위해 아이라이너로 눈매를 또렷이 강조한다. 언제든 그녀의 표정을 책임져 온 아이라인이다.

병원 응급실에 들어섰다. 새로 산 등산복을 처음 입고 불과 한 시간 전 입맞춤으로 현관문을 나섰던 그다. 자는 듯이 누워 있는 그의 손을 여느 때처럼 잡아본다. 마른 흙이 잔뜩 묻은 손바닥이 평소처럼 내 손을 잡아 준다. 전과 달리 굳어 차다. 사자의 귀는 몇 시간 동안 열려 있다고 한다. 마지막 인사를 빨리 나눠야 한다.

"고마웠어요. 사는 동안 행복하게 해 줘서. 아이들에게도 할 만큼 했으니 이제부터는 편하게 푹 쉬세요."

엄숙하고 비장한 인사로 서러운 작별을 고한다. 향이 짙은 국화로 제단이 차려진다. 영안실 직원과 의논할 동안 온갖 힘으로 정신 줄을 붙잡는다. 그럴수록 직원의 소리는 왼쪽 귀로 들어와 오른쪽 귀를 통해 곧장 나가 버린다. 조카 소식을 듣고 달려온 청상의 시숙모님이 "질부야, 이 일을 우야믄 좋노." 하며 울먹인다.

"괜찮습니다. 숙모님도 살았는데요."

씩씩한 척 오기를 부린다. 빗속에서 울어 봐도, 눈물이 비가 되어도 부질없다. 리마인드 웨딩 사진이 영정 사진이 될 줄은 꿈에도 생각하지 못했다. 하얀 턱시도를 입고 팔짱을 낀 그가 미소를 지을 듯 말 듯한 표정으로 바라보고 서 있다.

안개가 자욱하던 젊었던 날, 우연히 그를 만났다. 빨간 레인 코트에 빨간 레이스 우산을 들고 걸어가던 날 아침, 첫눈에 반했다며 열렬히 구애를 해 왔다. 온전히 온 마음을 다해 쏟아 내는 그의 열정에 가슴은 전율로 온통 물들었다. 저릿저릿한 감동으로 매일매일 살았다.

소낙비가 쏟아지던 날 우산 두 개를 포개어 격정적인 첫 키스를 나눴다. 헤어지기 아쉬워 집까지 바래다주는 길을 두세 번이나 오갔다. 부모님께 첫인사를 드렸던 저녁에는 "이제 우리 결혼할 수 있다"라며 덜렁 안고선 육교 위를 단숨에 뛰어올랐다. 정열적인 사내였고 젊은 교수였지만 권위의식이 없었다. 컴퓨터 게임도 함께 했다. 논문지를 받으러 가야 할 때면 놀이터 한구석에서 기다려 주던 순박한 그였다.

하늘이었다. 말만 하면 무엇이든 정확하고 확실하게 이루어졌다. 그녀를 볼 때면 바보처럼 항상 콧구멍이 벌렁벌렁한 채 실눈을 뜨고 웃었다. 사랑의 표현에 옹색하지 않았고 기념일을 빠짐없이 챙겨 주었다. 갖고자 했던 것은 모두 이루었던 그였기에 떠나간 시점도 참 좋을 때를 택했구나 싶었다. 한창 만발한 꽃을 시들기 직전 꺾어서 하늘에 헌정했다고 생각하기로 했다. 그의 아내 '미세스 리'로서 함께한 날들을 때마침 준비하던 국제 행사 개막식에서 동영상으로 풀었다. 답답했던 가슴이 조금은 가벼워지는 듯도 하다.

그가 떠난 첫겨울에 피는 흑장미처럼 주체 못 할 반항심이 솟구쳤다. 어느 날 그냥, 기차를 탔다. 옛사람을 만나보러 갔다. 그를 버렸던 '그녀'를 내던져 버리고 싶었다. 병원 원장이 된 옛사람은 이십여 년 만이다. 첫사랑에 실패한 그는 술에 취해 있다. '나는 이대로 살다 죽을래. 빨리 죽고 싶어.' 그런다. 다시 먹먹하다. 그가 태워 준 장거리 택시를 타고 집으로 오는 길, 술에 취한 그는 자신을 힘들게 했던 집착을 다시 하려 든다.

'혼자가 됐다'라는 말은 끝내 하지 못했다.

누군가에게는 말하기 쉬운 것이 어떤 사람에게는 말하기 어려운 것이 되기도 한다. 나이가 들어도 여전히 사랑이 어려울 수도 있다. 인생을 포기한 듯 술에 찌들어 사는 그를 보고 오던 날, 아무리 둘러봐도 떠난 그 사람만 한 사람을 찾을 수 없다는 사실을 다시 확인했다. 그 불능의 침묵을 이기다 못해 차 안에서 소리 내며 흐느껴 울었다.

차창 밖은 검은색 하늘이었다. 황금빛 반달이 둥둥 떠서 택시 속 그녀를 따라오고 있었다. 그래, 반달이다. 인생은 반달이다. 나머지 반쪽은 자기 식으로 채워 나가는 것이다. 여기서부터 터닝 포인트다. 지금까지보다 더 밝고 더 멋진 인생을 엮어 나가 볼 테다. 이젠 안녕, 하며 떠나보내야지. 내가 그곳에서 떠나 와야지. 떠나가야지. 조금도 슬프지 않은 것처럼.

'아듀, 미세스 리(adieu Mrs Lee).'

섬, 섬, 섬 | 섬이다. 그 섬이다. 순녀의 섬이다. 큰 섬에서 따로 떨어져 솟아난 무인도다. 제주 둘레길을 돌아보던 중에 200미터쯤 떨어져 홀로 떠 있는 섬을 발견했다. 수십 년도 더 지난 지금, 그때 순녀의 애원이 떠올랐던 건 37년 만에 딸과 사위와 제주도를 찾은 내 생일날이었다.

10여 년 만에 가족과 제주도에 온 재호는 고향 바다를 거닌다. 갯바위에 앉아 손닿을 듯한 곳에 떠 있는 무인도를 바라본다. 제주도를 떠나 서울에서 졸업과 취업, 결혼을 하고 뿌리를 내리려고 살아온 재호에게 고향은 푸근한 어머니의 품이다. 그때 빨간 고무 대야 하나가 둥둥 떠 해안가로 다가오고 있다. 한 여자가 바다에서 나와 해산물이 가득 들어 있는 망태기에서 낙지 한 마리를 꺼내 손으로 위아래를 훑어 내린다. 그녀는 낙지를 천연덕스럽게 씹어 먹으며 하염없이 바다만 바라본다. 그동안 까맣게 잊고 살았던 순녀였다. 전혀 생각하지 않았던 순녀. 변해버린 순녀다. 어색하게 말을 붙여 본다. 대꾸도 없다. 곁눈질조차 주지 않는다. 재호는 자신의 이름을 대어 가며 기억을 상기시키려고 애썼지만, 소용이 없다. 이윽고, 순녀는 고무 대야를 머리에 이고 무인도로 헤엄쳐 간다.

그날 저녁, 사람들로부터 10여 년 전, 누구의 아이인지 임신했다고 얘길 듣는다. 아이가 유산되면서 실성해 앞바다 무인도에 들어가 해물만 먹고 산다고 했다. 여름 이맘때면 꼭 한 번씩 나온다고 한다. 임신이란 말은 재호를 옛 시간으로 데려갔다.

조각배에 두 사람이 하늘을 향해 태양을 쬐며 누워 있다. 사랑을 나눈 후였다. 순녀가 "오빠, 나 버리지 마. 오빠, 나 버리지 마."라며 애절하게 절규하는 소리를 담담하게 듣고 있다. 바다와 태양도 잠잠하게 들었다. 겨울 방학 때 다시 오겠다며 떠난 재호는 약속을 끝내 지키지 않았다.

다음 날, 고무 대야를 머리에 이고 헤엄쳐 온 순녀를 다시 만났다. 여전히 재호에게 눈길 한번 주지 않는다. 대야 속에서 낙지를 집어 쑥 훑고선 복수라도 하듯 질근질근 씹어 먹는다. 소주병을 들고 한 모금 마시고선 재호에게 말없이 내민다. 말을 붙이기 위해 한 모금 마신다. 그녀가 권할 때마다 더 마신다. 이윽고 말없이 손을 내밀어 재호를 잡아 끈다. 유혹하는 눈빛 따라 바다로 들어간다. 물속으로 같이 헤엄치다가 순녀는 재호의 목을 휘감고 격정적인 키스를 한다. 재호가 방심하는 사이 그를 휘감아 머리를 눌렀다. 재호는 살려고 버둥거린다.

뜨거운 태양이 고개를 조금 숙였다. 고요한 정적이 흐른다. 순녀는 축 늘어진 재호의 육체를 질질 끌고 자갈밭 위에 눕혔다. 바다를 바라보던 순녀는 그의 얼굴을 쓰다듬는다.

"어여쁜 내 님. 잘 가시오. 어여쁜 내 님."

겨우 정신을 찾은 재호는 날이 밝자 가족과 제주를 떠났다. 버스에 올라 그녀가 산다는 무인도를 지나갈 때 고개를 돌려 애써 외면했다. 전날 느꼈던 순녀의 눈빛은 분명히 그를 기억하고 있었다.

그에게 순녀의 얘기를 들려준 것은 우리가 제주 철쭉제를 찾아 밤배를 탔던 37년 전이었다. 등산복을 입고 나타난 남자와 레이스가 달린 청보라 색 블라우스를 입고 하이힐을 신은 여자가 다방에서 만났다. 제주도에 가면 한라산을 정복하고 와야 한다고 생각하는 남자와 제주도를 생각하면 신혼여행지에서 말에 올라 멋진 사진 찍는 꿈만 꾸는 여자의 만남이었다. 다방에서 대면한 남자는 황당했고 여자는 어리둥절했다. 밤배는 터질 듯한 낭만의 시간으로 꿈틀거렸다.

청춘들의 발걸음은 모두 철쭉제를 향했다. 한라산은 꽃분홍색과 사람색으로 현란하게 수놓았다. 씩씩하게 구두를 신고 올라갈 때와는 달리 내려오는 길이 힘든 여자에게 그는 자신의 신발을 벗어 주었다. 따끔거리는 현무암을 밟고 씩씩하게 맨발로 내려오며 고통을 감수하는 남자는 전율을 저릿하게 느끼게 했다. 그때 여자는 인연을 생각했다.

여자는 안전하다고 느끼는 남자에게 자기를 허락하는 법이다. TV 뉴스는 제주 철쭉제를 보도했다. 한라산에서도 제주 바닷가에서도 기자들의 카메라에 찍힌 두 사람의 모습이 뉴스마다 보도되었다. 인연이라 확신했다. 그날, 그에게 섬을 바라보며 순녀 얘기를 자존심 대신 애원하듯 했다.

"오빠, 나 버리지 마. 오빠, 나 버리지 마. 오빠, 나 절대 버리지 마."

만일 배신을 한다면 복수는 순녀처럼 해 주리라 생각했다. 여자가 순결을 바치고 나면 남자의 사랑이 시들해진다고 한다. 그는 그러지 않았다. 오래도록 더 깊이 스며들었다. 죽도록 사랑한다고, 처음처럼 사랑한다고, 내가 먼저 죽으면 따라갈 거라던 그는 한마디 말없이 배신자처럼 갑자기 먼저 떠나 버렸다.

섬은 텅 빈 가슴에 가득 품을 내어 준다. 그가 없는 첫 생일이었고 사위를 만난 첫 번째 생일이었다. 제주 둘레길을 돌아가다가 그 섬과 다시 딱 마주쳤다. 뜻밖에도 잊었던 기억이 되살아났다. 차 안에서 사위에게 다시 순녀의 섬 얘기를 들려주었다. 그날 그에게 했던 것처럼. 애원하듯 당부하는 목소리로 부르짖었다.

"오빠, 나 버리지 마. 버리지 마."

딸이 앵무새처럼 속절없이 애원하는 흉내를 따라 했다. 달콤 쌉싸름했던 그날의 기억들이 겹쳐 낡은 삼류 영화관 필름처럼 돌아가고 있었다.

이젠 두 번 다시 우연이라도 그 섬을 지나가지 않으리라 생각했다. 순녀가 재호를 보내며 마지막 인사를 했던 것처럼 버리고 멀리 떠나 버린 그에게 인사를 고했다. 멀리 손을 흔들었다. 섬이 보이지 않을 때까지.

"잘 가시오. 어여쁜 내 님. 잘 가시오."

인생의 복병 | 파스카 축제를 계획했다. 탄생과 죽음은 인생의 시작과 끝에 놓인 축제이다. 끝이 좋으면 다 좋다는 말을 믿으며 멋지게 보내 주고 싶었다.

삶의 끝은 하나의 과정을 마치고 건너가 또 다른 과정을 새로 시작하는 것이라고 본다면 당연히 축하해 줄 일이다. 졸업과 입학이 축하받는 것처럼. 'Commencement'가 졸업과 시작을 의미하는 것도 그런 뜻과 무관하지 않을 것이다.

오래전 LA 한인 마트 옆 비디오 가게에서 테이프를 빌려 와 《포세이돈 어드벤처》를 보았다. 영화 속 주인공들은 뒤집힌 난파선 안에서 생존하기 위해 모두의 역할과 지혜를 모은다. 큰 유람선이 바다 위로 솟구친 곳까지 가서 구조될 때까지 기다리면 될 것이라고 예상했다. 공간과 공간 사이에 물이 깊게 고인 곳을 건너가야 하는 난관이 있었다. 누군가가 물속을 건너가 반대쪽에 줄을 묶어 놓고 와야 다른 사람들이 안전하게 물속을 건너갈 수 있는 상황이었다. 물의 깊이와 거리는 건너가기 위해 숨을 오랫동안 참을 수 있어야만 했다. 젊은 시절 수영선수로서 금메달을 땄던 할머니가 그 일을 맡겠다고 자청했다. 물을 헤엄쳐 건너가서 줄을 묶고 돌아왔지만, 할머니는 그만 숨을 거둔다.

20대 젊은 시절에는 죽음이 그런 것 아닐까 생각했다. 이승이란 공간과 저승이란 공간 사이에서 숨을 꾹 참고 있다 보면 건너가게 되는 시간의 단계. 죽음이란 공간 이동일 뿐이라고 생각했다. 'Pass over' 즉 '파스카'이다. 한 공간에서 다른 공간으로 이동하여 새로운 시작을 하는 것이 죽음이다. 죽음은 남겨진 사람에게는 슬픔이지만 고인의 처지에서 본다면 새로운 시작이다. 누군가의 희생을 요구하는 제사와 의미를 달리해야 할 것 같으면 기일이 축제의 날이라는 새로운 의미도 지녀야 한다. 매년 그가 떠난 날을 축제의 날로 여기자고 가족에게 당부했다. 우리 가족의 파스카 축제.

그가 떠난 후 1년이란 세월을 묵혔다. 그는 큰 사람이었고 최선을 다해 산 사람이니 축제의 장소로 넓은 바다가 어울릴 듯했다. 해외에서 사는 아이들에게는 부모의 봉안 묘를 찾아야 한다는 의무감에서 벗어나게 해 주고도 싶었다. 바다는 세계 어느 곳으로든 흐르므로 언제든지 아버지가 생각나면 바다에 가서 목청껏 불러 보라는 의미였다.

기일에, 가족 각자가 마음속에 품고 차마 하지 못했던 안녕의 말을 하기로 했다. 우리만의 페어웰 문학제를 계획했다. 말없이 순해서 강한 맏이로 키우기 위해 아버지의 맹훈련을 받아 내야 했던 첫째. 어렸을 때부터 다재다능하여 집안의 기대를 모았지만, 대학 시절부터 늦은 반항으로 아버지와의 갈등을 겪은 둘째. 어머니의 인권을 대신 옹호해 주다가 아버지와 부딪쳐야 했던 셋째. 집안의 유일한 남자애로 촉망받으며 동시에 부담도 함께 느꼈을 넷째. 그들에게 아버지와 화해를 할 치유의 시간이 필요했다.

예약된 하얀색 요트는 파티 할 만큼 큰 규모였다. 음료와 스낵을 준비하고 검은 정장을 입었다. 슬픈 표정을 숨긴 채 승선했다. 한 시간가량 지나 요트는 먼 바다를 표시하는 노란 부표에 다다랐다. 하늘은 냉정했고 바다는 흥분한 듯 울렁거릴 때, 파도 속으로 그의 뼛가루를 쏟아 보냈다. 파도 위를 미끄러지듯 희미하게 옅어져 가더니 물속으로 점차 사라졌다. 마주한 채 뒷걸음질하면서 하얀 손을 흔들 듯 떠나갔다. 동행길에서 어차피 한 번의 이별을 해야 한다면 사별은 등을 보이지 않아서, 그래서 좋다.

생각지 못한 복병을 만났다. 너울성 파도였다. 파도가 너울대고 출렁거려 멀미가 났다. 멀찌감치 바라보며 파도 따라 리듬을 타라고 했다. 구토가 나올 것 같아 편지 글은 읽어 볼 엄두조차 내지 못했다. 파스카 축제는커녕 아름답고, 멋지고 완전할 거라고 상상했던 우리의 이별은 그렇게 미완으로 끝나 버렸다.

꽃밭의 나비처럼 나풀거리던 날, 불나비 같은 그가 내게로 왔다. 내 삶의 복병을 만났다. 불에 데는 줄도 모르고 뜨겁게 살았다. 길고도 짧았다. 퇴직하게 되면 손잡고 더 많은 시간을 함께하자고 약속할 즈음, 또 하나의 복병이 엄습했다. 불의의 사건으로 갑작스레 그가 떠났다. 그가 내 인생의 가장 큰 복병이었다.

살아 볼수록 흥미로운 게 인생이다. 복병이 있기에 인생은 지루하지 않을 수 있다. 만일, 생전에 완성된다면 남아 있는 한낮과 같은 지루한 여생을 어떻게 보낼 수 있을까. 걸어가다 보면 여우비를 만나기도 하고 뜻하지 않은 소나기에 새로 산 옷이 젖기도 하고 뜻밖의 무지개를 만나는 행운도 있다. 사람들은 오늘 비가 올지언정 내일은 무지개가 뜰 것이라고 말한다. 천만의 말씀, 불행은 잇달아 오는 법이다. 오늘 내리는 비가 장마의 시작일 수도 있다.

설령, 내일 무지개가 뜨지 않더라도 산 자는 앞으로 걸어가는 거다. 약삭빠른 슬픔이 내게 침입하지 못하도록 팔을 흔들며 거침없이 씩씩하게 걸어가는 거지. 비가 오면 거친 비를 맞고 눈이 오면 눈을 흠뻑 맞아가면서 씩씩하게 걸어가는 거다. 더운 여름날 소나기를 겪어 낸 꽃들처럼, 시린 겨울 눈보라를 견뎌 낸 나무들처럼. 소나기에겐 꽃이, 겨울의 눈에겐 꼿꼿한 나무가 복병이다. 소나기가 내려 나무가 무성히 자라고 눈이 내려 지구의 초목이 단단해진다. 인생의 복병도 시간이 묵혀 가며 전화위복이 된다.

인생에는 종종 복병을 만나거나 야간 공습을 당하기도 한다. 그때 사람들은 우왕좌왕하기 쉽다. 그러나 어떤 사람들은 낙담하기도 하고 침착하게 맞기도 한다. 침착하게 찬찬히 그 일을 받아들여 겪어 내면 용기와 힘을 갖게 된다. 그 힘은 어쩌면 인생은 미완이라는 사실을 받아들일 때 생겨나는 것이 아닐는지. 그래서 인생은 언제나 미완성일 수밖에 없다.

차라리 그믐달이라도 | 벌겋게 타올랐다. 화산이 폭발할 것 같은 기세다. 오늘 석양은 저물기가 아쉬웠던지 유난히 이글거린다. 타오르는 기세가 주변 산과 바다를 모두 태워 버릴 것만 같은 석양을 보내기 아쉬워 바닷가로 나갔다. 탁 트인 바다를 보고 싶었지만 잠깐 걸어가는 사이에 일몰 화염을 놓쳐 버렸다. 10월의 석양은 남자의 사랑만큼 급하기도 하다. 그리고 그들의 이별 선언처럼 참 냉정하다.

석양이 뱉어 낸 달이라도 주워 오겠다고 몇 사람에게 알렸다. 누구는 달을 줍거든 반만 나눠 달라고 하고 어떤 이는 그믐인데 달이 있겠느냐며 행여 줍거든 호롱불만큼이라도 나눠 달라 한다. 아니나 다를까. 달은 온데간데없고 검은 바다와 컴컴한 하늘만 시치미 뚝 떼고 있다. 저 멀리 홀로 뜬 샛별 하나 겨우 보인다. 해변 길 따라 한참 거닐었지만, 달빛 하나도 만나지 못하고 빈 마음으로 돌아왔다. 마음이 갈피를 잡지 못하고 사느라 오늘이 음력 그믐인 줄도 몰랐다.

어느 날, 달을 좋아하게 되었다. 초저녁, 아직 해도 지지 않은 남의 하늘에 떡하니 자리 잡은 새초롬하고도 앙큼한 눈썹달 하나. 그런 달을 어찌 좋아하지 않을 수 있겠는가. 어두워질수록 앙증맞고 선명하게 변해가는 초승달을 올려다본다. 저것은 그 옛날 대감이 특별히 총애하던 애첩임이 틀림없다. 본처처럼 소유하지 못하고 잠시 머무는 데 그치는 사랑이 영원으로 바뀌기를 바라는 애절한 바람. 그러나 본심은 절대 들키지 않도록 깔끔한 척한다. 앙큼하다. 마치 깨어 있는 노력형, 교태로운 요염함의 상징 같다. 그즈음에는 황금빛으로 짙어 자신감이 충만한 척 절대 매달리거나 애정을 구걸하지 않는 척, 냉정한 연기를 잘도 해 낸다. 음력 3~4일쯤 서쪽 하늘에 낮게 뜨는 달이다.

상현달은 첫아이를 임신한 부인 같다. 그냥 그렇다는 말이다. 아기를 잉태한 것 말고는 특별히 내세울 것이 없는 그냥 이름만 여자. 그리고 태어날 생명체에 대한 기대감과 본능적인 모성의 막중한 책임감으로 본인은 중요하지 않은 존재다. 음력 7~8일쯤 해 질 무렵에 남쪽 하늘에 뜨는 달이다.

보름달은 마님이다. 대감의 사랑은 여시 같은 첩에게 오래전에 빼앗기고 그 분노와 부기로 퉁퉁 살이 차오른 달이다. 대신 곡간 열쇠를 쥐고 있는 덕분에 자식들을 뒷배로 두고 든든한 마음으로 살아가는 본처. 곡간의 경제력 때문에 주변 사람들이 그녀의 권세에 짓눌려 하는 수 없이 우러러봐야 한다. 든든한 마음과 빼앗긴 스트레스가 나날이 몸태를 둥글둥글하게 만들었다. 음력 15~16일쯤 동쪽 하늘에 뜬다.

하현달은 음력 22~23일 즈음 자정 시각에 떠서 이른 아침에 남쪽 하늘에서 보이다가 정오쯤 서쪽 하늘로 지는 반달이다. 아이 여럿 낳고도 또 늦게 아이를 밴 임신부 같다. 아이를 키우느라 놓쳐 버린, 그리고 채워야 할 것이 많지만 갖춰야 할 것을 망각한 채 남은 삶을 견디며 살아

가는 여인.

그믐달은 음력 27~28일쯤 새벽 동쪽 하늘에 잠깐 떴다 지는 눈썹달이다. 빈 둥지 증후군을 맞고 보니 많은 것을 잃었다는 자각에 깊은 한을 품었지만 의연하게 살아가는 척하는 여인 달이다.

처음 큰일을 겪었을 때는 주변 사람이 의식되어 무조건 오기로 버텼다. 결코, 초라한 모습을 보이지 않겠다는 초연함이 의식을 지배했다. 행복을 시샘했던 사람들도 떠올랐다. 비웃을 것만 같은 그들 때문에라도 씩씩하게 버텨야 한다는 자존심으로 힘을 냈다. 사람들은 내공이 쌓인 사람이라고 했다. 그렇게 믿고 싶었다.

힘든 걸 참고 운동을 해야 좋은 근육이 생긴다. 운동으로 생긴 근육은 높이 뛰어오르는 점프력이 있다. 마음에도 근육이란 것이 있다. 평소에 마음 단련을 해 두면 마음에도 근육이 생겨 힘든 일을 겪었을 때, 다시 일어날 수 있는 자생력이 생긴다. 내게는 마음의 근육이 있어 금방 제자리로 돌아올 수 있다고 생각했다. 그렇게 믿었다.

6개월쯤 되었을까. 잠시 방심했다. 홀로서기에 적응되었다는 안도감이 긴장감을 걷어 갔던가 보다. 현실이 인식되고 이타적인 생활이 몸에 배어 나만을 위해 사는 것이 어려웠다. 검은 연기처럼 스며드는 우울감이 사는 의미를 지워 버렸다. 아침이 두려웠다. 사람이, 모든 것이 의미 없고 재미없다. 귀하다고 생각했던 것과 소중하게 여겼던 일의 가치를 하나씩 내려놓으면서 세상이 부질없다고, 원래 그런 것이거니 하는 생각도 들었다.

잠 못 들어 뒤척이던 새벽녘에 창밖을 내다보다 그믐달을 만났다. 슬피 울 듯 들키지 않으려 애쓰며 흐느끼는 듯 흐릿하게 떠 있었다. 하지만 자신의 존재를 그 누구에게도 비치고 싶지 않은 듯했다. 잠시 보였다가 금방 홀연히 자취를 감춰 버렸다. 밤새 저주를 품거나 쓰린 가슴을 움켜잡고 잠 못 들다가 새벽녘에 밖을 내다볼 때라야 볼 수 있는 달. 한숨지어야 제대로 보이는 달, 그믐달이다. 보는 사람도 적지만 보려고 해도 만나기 힘든 달이다. 외롭게 떠서 한을 키우려는 게 애잔하기 짝이 없다. 그러면서도 의연함으로 가슴의 쓰라림을 감추는 초연한 자태다.

차라리 저 그믐달이라도 되고 싶다. 원한이라도 품고 있으면 그나마 살아가는 힘이 생기니까. 그러니 가진 것이 없다고 불평하지 말아야 한다. 부족하니까 사는 것이다. 채우기 위하여 몸부림치고, 메꾸기 위해 부단히 살아가는 것이다. 소유하고 싶은 생각은 마음 어딘가 빈한한 이들만이 가질 수 있는 소중한 욕구다. 중독에 빠지거나 스스로 세상을 떠나는 일부 사람들. 그들은 가지고 싶은 욕구나 희망조차 없어서 그렇게 하는 것이다.

바위틈에 핀 봉선화처럼 | 그녀는 절대 먼저 연락하는 법이 없다. 체념 같은 것이 습관처럼 붙어 있는지도 모르겠다. 일에 쫓기다가 마침내 전화하면 예전처럼 언제나 부드럽게 받아 준다. 그러나 말은 없다. 항상 무덤덤한 표정으로 내게 와 줬다. 고개를 숙이고 있는 살짝 울 것 같은 표정이 언제나 쓸쓸했다.

불화가 잦은 부모님을 대신해 두 동생을 살뜰히 챙겼다. 오해하면 아들 같아 보였다. 정신 질환을 약간 앓는 어머니를 대신해야 하는 의무감이 그녀를 옥죄었던 것 같다. 외도가 의심스러운 아버지를 대신해서 기울어져 가는 가업도 떠맡았다. 그런 탓에 여간해서 기죽거나 어리광을 부리지 않는다. 맏이라는 무게감이 바위처럼 욕망조차 덮어 버렸다. 그녀가 떠오르면 몰운대 바닷가 바위에 앉아 멍하니 바라보던 그 바다와 절벽 바위틈에 피어난 봉선화가 생각난다. 바위틈에서 겨우 핀 봉선화처럼 자신의 미래를 희망해 보기나 했을까.

처음 만났을 때, 까무잡잡한 얼굴에 주근깨는 감자를 연상시켰다. 여고생치고 가슴은 엄마처럼 풍만했다. 같은 반 짝지가 된 이유로 대화를 주고받으며 가까워졌다. 명랑하지 않은 표정과 말투에는 부드러워지고 싶은 노력이 많이 깃들었다. 서울내기 억양을 사용한 이유도 그럴 것이다. 우리는 밤새도록 전화했고 전화하는 도중에 어느새 내가 먼저 잠들기가 일쑤였다. 사춘기의 여자애들은 동성 친구와 사귀는 과정이 이성과의 연애를 연습하는 전 단계라고 한다. 나를 받아 주는 대화 속에서 녹아들었나 보았다. 공상이 많은 내가 녹아들어 가던 이야기들을 매일 일기장에 기록하고 있었다.

감천동 좁은 골목길은 곰팡냄새가 배어 있었다. 냉기가 가득한 방안에 어린 두 동생이 일찍 잠들어 있었고 그 아이들을 이불 위에 반듯하게 눕혀 놓는 것도 그녀였다. 어머니를 살뜰히 챙기는 말이 어느 집 분위기와는 사뭇 달랐지만, 그저 이상하다는 생각만 들고 말 뿐이었다. 밤샘이라는 핑계를 빌어 그녀 집에서 하룻밤을 지내고 온 날 내 옷에도 그녀의 체념과 쓸쓸함이 곰팡냄새처럼 배어들었다. 좀처럼 드러내지 않는 감정이 비로소 전달되었다. 언제나 내가 먼저 전화해서 안부를 묻고 긴 넋두리를 늘어놓으면 "응. 그래." 그 말뿐이다. "또 전화해"라는 주문 한 번 없던 그녀였다.

나만 대학생이 되었다. 이성과 연애를 해 보겠다고 마음먹으면서 그녀를 열렬히 노래했던 일기장 다섯 권을 그녀에게 헌정했다. 사랑받았다는 사실을 어떻게 느꼈는지 쓸쓸한 그녀의 표정 뒤로 숨어 버렸다.

내게 아이가 두 명이 생길 때까지도 결혼하지 못한 그녀에게 내 주변의 남자들을 모두 끌어다 소개해 주었다. 결혼한 후에도 내 곁에 두고 싶었던 까닭이다. 번번이 소개팅은 불발되었다. 느닷없이 교회를 다니더니 늦은 나이의 신학생인 남자와 결혼했다. 첫아이를 낳았을 때 기쁘게 달려가 정성껏 산후조리를 해 주었다. 산통을 겪으면 어머니가 생각난다는데 불평 한마디 내놓지 않았다. 표정에서 참을성이란 것을 읽었다.

시골 어느 마을 작은 교회에 그녀 남편이 전도사로 취직했다며 초대했다. 텃밭에서 길렀다며 추위에 부르터서 갈라진 손으로 봄날 상추를 뜯어 와 된장찌개를 끓여 주었다. 그녀가 아낙으로 보이기 시작했다. 교회 옆 밭에 가득히 떨어진 목련이 서러워 보였던 건 그때가 처음이었다.

다시 온천천 가까이에 개척 교회를 열었다고 했다. 교회는 다니지 않았지만, 첫 예배에 참석해서 마음을 다해 그 가족을 위해 기도했다. 온천천을 산책하는 길에 자주 만날 수 있으리라 기대하면서. 강의가 없는 날 좋아할 만한 재료로 김밥을 말고 맛난 음료를 준비해서 온천천 산책로에서 만났다. 따스한 햇볕이 비춰 주는데도 두꺼운 패딩을 입고 주머니에 손을 꼭 넣은 채 한기를 느끼는 몸짓으로 벤치에 앉아 흐르는 물만 바라보고 있었다.

나는 그녀를 만날 때면 없던 기운도 되살아나 통통거린다. 마음에 들지 않는 사람들과의 사건 이야기를 그 앞에 다 쏟아 놓는다. 듣는 건지 아닌지 대꾸도 없다. 내 감정과 넋두리를 다 들어 주리라 의심하지 않았다. "피부에 뭐가 났어. 병원에 가 봐야겠어." 그러면서도 무표정이다. 표정이 그러니 나도 대수롭지 않게 여겼다. 온천천 데이트는 매번 그것이 끝이었다.

미국에 머물 때 어쩌다 한 번 받은 답장으론 피부암이라고 했다. 병원이 아닌 기도원에서 치료 중이며 비싼 노니가 좋다고 해서 조금씩 사서 먹는다고 했다. 당장 노니를 사서 인편으로 보냈다. 실수로 포장이 바뀌는 바람에 다른 사람에게 가고 엉뚱하게도 오르골이 전달되었다고 했다. 이유도 모르고 아련한 오르골 음악 소리에 젖어 여고 때를 추억했다고 했다. 섬뜩한 예감이 스쳐 지나갔다. 귀국하면서 다시 노니 한 상자를 무겁게 들고 왔지만, 기도원에서 나오면 받겠노라고 하며 만나 주지 않았다.

결국, 화장장에서 영정 사진이 되어 만나 주었다. 마칠 때까지 기다리면서 둘러본다. 영정 사진 중 제일 젊다. 새파랗게 젊은 것이 왜 거기 있냐고 목덜미를 잡아채 나오고 싶은 충동을 겨우 참았다. 한 달여 동안 눈물 섞인 토악질을 매일 해 댔다. 어디를 가든 무슨 일을 당하든지 그녀에게 토로하면 되었던 든든함이 공허로 바뀌면서 적응해 가야 했다. 앙상하게 메마른 마지막 모습이 E.T 같더라는 다른 친구 말을 전해 듣고 섭섭함이 뼛속을 파고들었다. 험한 모습을 내게 보여 주기 싫었던 것일까.

비가 오는 날이면 감천동으로 달려가 보지만 그녀의 흔적은 도저히 찾을 수 없다. 밤을 새우고 나왔던 그 골목조차도 도저히 찾을 길 없다. 문화 마을이라고 탈바꿈하고 어린 왕자와 붉은 사막여우가 바다를 품은 마을을 내려다보고 있다. 원색으로 단장하고 창을 크게 낸 집들의 정면은 바뀌었지만, 그때 맡았던 기억 속의 동네가 품고 있는 냄새는 여전한 듯하다. 그녀가 있었더라면 함께 앉아 바라볼 수 있는 풍경이었을 것을.

그녀에게 묻지 못했던 궁금한 말을 남겨 두었다. 아니라고 할까 봐 차마 묻지 못했던 말. '너는 나의 일등 단짝인데 너에게 나도 첫째냐.' 그녀 앞에서 나는 여전히 언제나 어린아이 같아진다. 친한 첫째 단짝이라면서 친구의 아픔과 슬픔을 알아주지도 못해 놓고서.

몰운대 바위에 앉아서 정박한 배들을 바라보고 있다. 그녀와 같이 앉아 바라보았던 그 자리는 찾아보기 힘들다. 세월이 많이 변하고 모든 것이 달라졌다. 우리들의 추억처럼 구름에 안개 속에 가려져 아련한 기억이 아른아른했다. 예쁜 오르골 소리는 외롭고 처량하게 가슴을 후벼 판다. 바닷가 절벽 바위틈에서 우연히 발견한 그녀를 닮은 봉선화. 홀로 핀 봉선화는 바다 쪽으로 고개를 내밀고 있다. 뙤약볕에서 벌겋게 고생만 하다가 한여름만 잠깐 살다 간 봉선화처럼.

깊은 계곡에 소리가 없다면 두꺼운 얼음 밑에 숨어서 흐르는 물줄기를 누가 알 수 있으리. 앓는 소리 없는 고통에는 아무도 귀 기울이지 않는 법이다.

-물소리, 물소리가 있기에 중에서-

4부

물소리, 물소리가 있기에

연필을 깎듯이 | 연필심이 부러졌다. 녹슨 칼로 나무를 돌려 가며 깎는다. 매번 연필심을 길게 깎아서 얇아진 심이 쉽게 부러지기 일쑤다. 나무를 잘 다듬고 깎아서 연필 골이 예쁘게 반듯한 모양이 되면 개운하게 느껴진다. 연필깎이 기계로 깎은 연필은 부모덕에 거저 얻어 걸친 것처럼 생겨 먹었다. 항상 그 모양이 빈틈을 주지 않는 깍쟁이 같다.

연필처럼 소박한 삶을 살던 때가 있었다. 미국 유학 시절이 내게는 그랬다. 모두 내려놓고 갔던 타국살이였다. 교수였지만 출장 처리된 급여 통장을 시부모님이 챙겨 가는 바람에 가난했지만 스스로 자립했다. 가진 것은 없었어도 희망은 우리의 몫이었다.

잃어버릴 것이 없어서였을까. 주말마다 선후배들과 동기 모임, 총각 유학생들을 우리 집에 불러 음식을 베풀며 친목을 도모했다. 선배 언니 부모님도 내가 모셔 와 대접했다. 그때마다 왜 그렇게 기쁘고 즐거운 마음으로 음식을 준비했던지 모르겠다. 내가 베풀 수 있다는 것이 신명 났나 보다.

넉넉잖은 형편에도 신바람 나게 베풀며 살았다. 둘째의 돌잔치는 패밀리하우징 중앙 정원에서 백여 명의 손님을 초대했다. 손수 만든 음식을 뷔페식으로 준비하고 여러 종류의 식음료까지 만들어 대접했다. 하객에 대한 답례로 성장이 빠른 둘째의 노래와 율동도 연습시켜서 선보였다. 아마도 남편의 정열적인 사랑과 애정 어린 격려와 아낌없는 표현이 나를 더욱 생기 있게 했던 것 같다. 하루하루가 정말 재미났던 때였다.

그들 중 대부분이 한국에 돌아왔다. 각자의 자리에서 최고의 위치에 있는 사람들을 만나는 일은 기분 좋은 일이다. 간간이 들리는 2세들의 혼사 덕분에 삼십여 년 만에 만나는 일이라서 무척 기대되었다. 만나고 보니 그때 수려한 외모를 가졌던 이들은 모두 물기가 다 빠진 메마른 낙엽처럼 늙고 변해 있었다. 윤기도 생기도 빠져나가고 껍질만 남아 키가 줄어든 고목 같기도 했다. 그 옛날 싱싱하던 젊은 시절의 얼굴을 기억하던 나는 뜻밖의 변화에 당혹감을 감출 수가 없었다.

누구라고 하면 알 만한 윤택한 집안의 든든한 지원을 충족히 받으면서 공부했던 사람들이었다. 그중 많은 사람이 국내 재벌 자녀들이었다. 최고 학벌과 전문직을 가졌으나 스트레스를 견디지 못해 직업을 그만두었다고 했다. 그들은 돈에 구애를 안 받기 때문에 힘든 일을 할 이유가 없었다. 한편으로 보면 경쟁자들에게는 여유로운 사람 같아 보여서 좋을 수도 있겠으나 다른 한편으로는 노력하지 않고 편히 사는 모습이 오히려 시샘의 대상이 되었다. 주위 동료들의 따돌림과 질시에 견디다 못해 전문직을 포기하고 나와 버렸다. 보통의 사람 같으면 그런 것은 흔히 있는 일이라서 참아 내야 할 일이라고 생각하며 겪어 내는 사람들과 사뭇

다르다. 지금은 삼십 년 이상이 지났으니 모두 중년이 되었고 부모님의 가업을 이어 재벌 회장이 되었다.

부부끼리 만나 보자는 얘기가 자연히 흘러나왔다. 주로 자기중심적인 시간 계획에 맞춰 달라는 암묵적인 제안이 들어왔다. 우리 입장에선 '적어도 한 달 정도 전에는 선약해야 한다'는 말이 입에서 떨어지지 않았다. 과시하는 듯한 오해의 여지가 염려되어서였다. 까다롭게 군다고 느꼈는지 그렇게 보고 싶다고 하던 그들과의 약속 얘기는 그만 흐지부지되어 버렸다. 마치 '우리가 보자고 하면 보는 거지 웬 이유가 그렇게 많으냐.'는 투의 느낌을 받았다. 아마도 그들은 맘껏 받아 주고 보살펴 주던 예전 우리를 떠올렸을 것이다. 마음의 안식 정도를 잠시 누리고 싶었는지도 모르겠다. 요즘의 나와 예전의 나는 많이도 변해 있다는 것을 나 역시도 깨닫게 해 준 일련의 사건이었다.

이번엔 내 마음의 연필심이 부러졌다. 며칠 동안을 맥 빠지게 잠만 자고 말았다. 나는 마음의 상처를 입었고 상처를 준 사람은 그 이유를 알지 못한다. 노력하면 뭐든지 될 수 있다는 희망을 갖고 살던 내가 웬만큼은 원하는 대로 이뤄 냈고 행복을 느끼고 있던 요즘, 턱없이 높은 세상의 경계와 벽이란 것이 있다고 실감했던 순간이었다.

경영 컨설턴트였던 데일 카네기는 대공황이 닥쳐서 깊은 절망에 빠졌을 때 강물에 몸을 던지려 하는 순간 "연필 몇 자루만 사 주시겠습니까?" 하며 소리치는 한 남자의 목소리를 듣게 된다. 두 다리를 잃고 자신보다 더 절망적인 그가 얼굴에 미소를 짓고 카네기에게 건네는 자립심 가득한 말과 얼굴에서 카네기는 그 누구보다 행복한 미소가 가득함을 느꼈다.

그리고 카네기는 그 남자의 연필을 받아 든 그 순간, 이미 자살할 마음이 사라져 버렸다고 한다. 훗날 카네기는 자서전에 "그 당시에 나는 살아갈 희망이 없었습니다. 하지만 두 다리가 없으면서도 웃음을 잃지 않던 그를 보면서 나도 살아야겠다고 결심했습니다."라고 했다.

세상의 벽이나 혹은 유리 천정의 한계를 겪은 젊은이들이 절망을 겪을 때가 염려되어 당부하고 싶어졌다. 살다 보면 누구나 슬픈 일과 기쁜 일을 번갈아 만나게 된다. 그러나 슬픈 일을 만났다고 해서 지나치게 비관할 필요가 없다. 슬픔이 지나고 나면 기쁨이 찾아오게 되어 있다. 이것이 세상이 돌아가는 이치다. 어떤 경우에라도 희망의 실오라기 하나만 놓지 않는다면 결국 좋은 날이 올 것이다.

부러진 연필을 다시 깎으면서 마음을 다잡아 본다. 무언가를 쓰다가 연필이 부러지면 흐름이 끊겨서 맥이 빠지기도 하지만 그 흐름이 막히지 않고 연결되도록 얼른 연필을 깎아서 다시 써야 한다. 언젠가는 또다시 연필은 부러질 것이란 걸 알면서도 연필을 깎고 연필심도 다듬어 가듯이. 인생도 모름지기 그렇게 다듬으면서 묵묵히 살아갈 일이다. 인생은 불행도 희망도 번갈아 가며 오는 것이니까.

밥인 줄 아냐 | 서로에게 밥이 되어 주라. 바보의 마음으로 서로 사랑하라. 고(故) 김수환 추기경의 말이다. '밥'이라는 단어는 그 사용에 따라 많은 것을 포함한다.

객지에 있는 아이들에게 전화하면서 제일 먼저 던지는 인사가 '밥 먹었느냐.'이다. 그때의 밥은 염려하는 마음이다. 밥에는 여러 마음이 담겨 있다. 요즘 경황은 어떤지, 아픈 데는 없는지, 마음은 어떤지, 식욕은 어떤지, 살아갈 의욕이 있는지, 보고 싶고 걱정되고 신경 쓰이는 모든 것들이 짧은 인사 '밥은 먹었니'에 모두 담겨 있다.

밥이 되어 주듯 바보 같은 사랑이란 영화《포레스트 검프》에서 주인공 검프가 보여 준 사랑법이다. 검프의 어린 시절 친구인 제니는 마음대로 사랑하고 마음대로 떠난다. 제멋대로 방황하고 다니다가 느닷없이 검프를 찾아와 임신하고 떠났다가 병을 얻고선 또다시 찾아와서 아이만 남겨 주고 세상을 떠난다. 그럴 때마다 검프는 '왜 나를 떠났느냐.' '그동안 뭐 하고 누구하고 사귀었느냐.' '왜 마음대로 아이를 갖고 낳았느냐'고 따져 묻지도 않는다. 항상 받아 주면서 그나마 제니가 와 주었다는 사실만으로도 좋아하기만 한다. 영화 속 인물이긴 하지만 포레스트 검프만큼 바보 같은 사랑을 한 이가 또 있을까. 허무와 공허로 방황하며 사는 제니에게 어떠한 요구나 자기 생각을 강요하지 않는다. 아무 조건도 없이 이유도 묻지 않고 받아 주고 들어 주는 검프의 사랑이야말로 '밥'이라 부를 만한 사랑법이다.

젊은이들이 살아가는 요즘 현실이 힘들긴 하지만, 그때마다 밥을 잘 챙겨 먹고 꼭꼭 씹어서 소화해 내야 하듯 힘든 일들도 극복해 내야 할 일이다. 인간은 먹고 살 것이 넘치고 남아돌게 되면 문화생활로도 모자라 무료해지면서 더 강하고 센 놀이를 찾게 된다. 마약을 하고 도박을 하고 그보다 더 독한 이상한 짓을 찾아 헤매게 되는 부작용을 낳는다. '밥벌이'라는 건전한 이유가 젊은이들을 삶의 현장으로, 직업 전선으로 자연스럽게 유도한다. 신성한 노동의 세계로 경건하게 입문하도록 만드는 거룩한 과정과 수단이 되기도 한다.

정치인들의 비리 폭로 사건이 연일 터지고 있다. 날마다 새로운 사건이 하나둘씩 밝혀져 나와서 '양파○○' '○○남불' '○○ 캐슬'이라는 신조어가 생길 만큼 나라가 술렁인다. 자식들의 입학 비리와 자격 위조 사건은 사람들을 허탈하게 만든다. 어떤 이들은 '저런 방법을 몰라서 못 해준 아빠가 죄스럽다.'라든지 '잘난 부모를 못 가져서 그런 혜택을 못 받은 사람은 자괴감마저 든다.'라고 한다. 뉴스에는 20~30대는 상실감과 분노를, 40~50대는 상대적 박탈감을, 60~70대는 혐오를 표출하고 있다고 한다.

아직도 우리 사회에는 그런 틈새를 공략해서 출세하려 하는 사람들이 있다. 작정하고 살펴보면 아직도 많은 틈이 여기저기에 숨어 있는 것도 사실이다. 그런 틈은 가진 자에게는 더 잘 보이기 마련이다. 누구에게나 자식 문제만큼은 아픈 손가락과 같아서 내 자식에게 혜택이 가능한 한 많이 돌아가기를 바란다. 유리한 틈을 보았을 때 부모 입장이 되면 초연해지기란 어려운 법이다. 평소에 소신껏 말해 왔던 사람이라 할지라도 단련하고 내공을 쌓아 두지 않으면 솔깃한 유혹을 뿌리치고 객관적인 태도를 보이기란 실로 어렵다.

세계적인 학자들과 많은 연구실적으로 과제를 수행하고 있어 혜택을 주변 사람에게 챙겨 줄 기회가 많은 그였다. 영재고, 과학고와 공고에서도 논문에 이름자만 올려 달라는 부탁이 들어오기도 했었다. 유별난 학부모들의 방문과 사정이 섞인 간절한 부탁이 들어오면 실험 지도는 해 줄 수는 있지만, 논문상의 이름 올려 주는 일은 안 된다고 거절했다. 그것을 보면서 우리 자식들에게도 그런 혜택을 줄 수 있을 것이란 생각이 번뜩 떠올랐다. 자식들을 위해 학계의 넓은 그의 인맥을 활용하는 전략을 비법이랍시고 제시해 보았다. 돌아오는 대답은 낯이 뜨거울 정도의 면박과 단호한 거절이었다. 눈이 어두운 시절이었고 불법은 아니었기에 그쯤은 할 수가 있다고 생각했다. 자식을 출세시키고 싶으면 더 거칠게 키워야 한다며 면박을 주었다. 말끝마다 '언제나 당당하게'를 주장하던 그였다. 요즘 사는 것이 우리 때와 같으냐고 반박해 보았지만, 바늘도 뚫지 못할 만큼 냉정했다. 그의 거절이 나에게나 자식에 대한 마음의 비중이 약한 것으로 받아들여졌기 때문에 무척 서운했다. 세월이 지나 돌이켜 보니 하마터면 가족의 발목을 잡을 뻔했구나 싶어 끔찍했다.

각종 내로남불의 화제는 정도正道를 가는 것이 얼마나 안정된 길인지를 검증해 주는 기회가 된 셈이었다. 편법과 꼼수를 쓰지 않고 당당하게 자기의 길을 올곧게 가는 사람들에게는 정도를 걷는 생활이 보상을 해 주듯 깨끗하고 합리적이며 공정한 결과가 나와야 할 것 같았다. 정의롭고 바르게 사는 것이 지극히 당연한데도 그렇지 못할 때가 많았다. 여태까지는 바르게 살았기 때문에 바로 코앞에 있는 이권을 득하지 못하는 바보처럼 사는 사람으로 보이는 게 현실이었다. 비리를 권하면서 바람을 잡는 사람들은 꼭 이렇게 말하곤 한다. '당신이 정의로운 척하는 동안 다른 사람들은 모두 이득을 챙기고 있다'라고. 세상살이가 비록 힘들긴 해도 그 힘든 기간을 극복하고 나면 반드시 좋은 결과가 나오는 공평하고 공정한 세상이라는 신뢰가 정착되어야 할 것이다. 어둠은 빛에 의해 밝혀지기 마련이라는 믿음을 갖고 살 수 있도록.

기회는 평등하고 과정은 공정하며 결과는 정의로울 것이라던 외침처럼 후세들이 힘들다고 토로할 때 기성세대는 이렇게 얘기할 수 있어야 한다. 시련과 역경도 '밥'처럼 꼭꼭 씹어서 잘 넘겨야 한다고. 어차피 삶은 우리가 꼭꼭 씹어서 소화해 내야만 하는 것이니까. 정부는 '성실한 보통 사람이 성공할 수 있는 세상을 기원하는 모두가 평등한 기회를 얻을 수 있는 정의를 존중한다'라고 외쳤다. 정부가 외쳤던 그런 결과가 나오지 못한다면 의식을 가진 이들은 이렇게 절규할 것이다.

'내가 밥인 줄 아냐.'

'내가 너희들 밥이냐.'

환상 | 안개 자욱한 길을 걸어간다. 비슬산 정상에서 발원한 운무는 아래로 훑어가며 산자락을 휘감았다. 안개는 매번 오라고 손짓하지만, 안개 속을 거닐 때 긴장하지 않은 적은 거의 없다.

안개는 스프레이다. 촉촉한 물기로 온몸을 적신다. 수증기로 응결한 작은 물방울 비말은 가시거리를 줄이고 시야 확보를 어렵게 한다. 가끔 안개는 스프레이처럼 약한 빗방울을 흩날려 꿈꾸는 듯 정신을 몽롱하게 한다. 그러나 비슬산 안개는 미스트다. 습기가 느껴지지 않을 만큼 섬세함으로 몸을 고이 휘감으며 스며든다. 젖는 줄도 모르게 몸을 적시며 싸안는다. 매일매일 살아가는 일상처럼 산안개가 저 멀리서 나에게로 속살처럼 흘러온다.

안개는 수양이다. 걸어가고 내려가는 사이 온 벌판 같은 산등성이를 가득 메운 비슬산 특유의 진달래의 꽃 입술에도 홀렸나 보다. 꽃잎이 지고 만 것인지 아직 봉오리인지, 신령한 기운에 취해 할미인지 아직 처녀인지 분간 못 하는 콩깍지마저 씌웠다. 산에 핀 참꽃은 오직 안개의 수분을 마시며 사는지도 모른다. 적당히 안개에 덮어 두는 것은 그게 무엇이

든 수명을 길게 연장해 주는 까닭 없이 좋은 점도 있을 게다.

안개는 비밀스러운 손톱이다. 손톱을 깎으며 그날 기억을 다시 떠올렸다. 그날, 욕실에서 벗은 그의 하얀 등 위로 열 줄 연달래 빛 자국을 읽었다. 분명 거문고 여섯 줄 가야금 열두 줄 협음의 흔적이다. 권력을 좇아 줄지어 선 그녀들일까. 화대를 받아 챙긴 그년들일까. 긴 손톱자국이니 아마도 그년일 것 같지만 내 손톱도 그러하니 식별할 도리가 없다. 저런 환희를 언제 적에 느껴 보았던가. 저건 분명 금지된 행위를 은밀히 할 때야 나타나는 절정의 흔적임에는 분명하다. 그렇다고 그가 단 한 번도 내게 출석하지 않은 날이 있었던가. 남의 안방을 차지하고 싶은 그녀나 평범한 일상조차도 부러워하는 그년들이 심술이 일면 흰 와이셔츠에 빨간 립스틱 흔적을 남기기도 하고 몸에 어떤 자국을 일부러 낸다고 한다. 남의 가정 평안을 깨고 싶은 용심인 것을 아는 마당에 그들이 원하는 대로 해 주는 것은 지는 것일까, 이기는 것일까. 전쟁은 어찌되었든 이기고 보는 것이 지략이다. 어찌할 도리가 없었다. 입 다문 조개의 속살처럼 까발리지 않기로 했다. 생각하면 무엇 하겠나. 깎은 손톱을 내 버리며 단념했다. 안개 속에 묻어 두기로.

안개는 연막이다. 시선을 차단하고 현상을 해결하기 위해 가리는지도 모른다. 하늘마저 어디론가 사라져 숨어 버린다. 나무도, 바위도, 표지석도, 나도. 모든 것들이 약속한 것처럼 일시에 모습을 감춘다. 안개 속으로 걸어 들어가는 그도 사라져 간다. 안개가 낀 날에는 숨기며 짊어지고 있던 긴장을 내려놓을 수 있어 편안하다. 환상의 세계가 나타나 조금만 떨어져도 알아볼 수 없어서 더 좋기도 하다.

안개 속에서 비로소 눈을 떴다. 의혹이 생겨나기 시작한 건 그의 컴퓨터 비밀번호를 해독하고 숨겨진 내용을 훑어보게 되면서였다. 고해성사라는 글이 한눈에 들어왔다. 구글의 궤적도 찾아보았다. 그는 떠난 것일까, 데려간 것일까. 명석한 사람이니 데려간 것처럼 가장하며 떠났을 수도 있겠다는 의혹이 일기 시작했다. 그때 짙은 안개처럼 앞이 캄캄해져 아무것도 보이지 않게 되자 나의 안을 현미경으로 들여다보기 시작했다. 안개 속에서 시선이 막혀 버리면 막힌 시야만큼, 잡념들도 사라진다. 오히려 마음이 차분해졌다.

다시 안개 속이 무척 궁금해졌다. 풍경을 온통 가리는 안개가 자욱한 날이면 더욱 그랬다. 그녀와 그년들과 관계를 맺고 살아간다는 모든 남자의 세상이 궁금했다. 가진 자라면 더욱 그렇다고 한다. 개는 먹이를 주는 주인에게 무조건 복종한다. 나이가 들면 음식 차려 주는 사람에게 절대적으로 복종하게 되어 있다. 그것도 못 하는 사람을 두고 개보다 못한 인간이라고 하지 않는가. 안개가 끼면 하염없이 떠오르는 의혹의 싹도 단잠에 드는 것일까. 잠잠하게 기억은 고개를 숙인다.

안개는 하얀 수용성이다. 그는 능력자였고 지혜로웠고 친절했으며 다정하기도 했다. 사랑의 기술을 갖고 강한 정신력을 가졌다. 누구에게든 논리적으로 설득할 수 있는 끈기가 있고 무엇보다 집 울타리 안에서 바깥세상을 걱정할 필요 없는 안정감을 완벽하게 주었다. 언제 그가 내게 사랑으로 충실하지 않았던 적이 단 한 번이라도 있었던가. 그러면 됐지. 그것이다.

안개는 관용이다. 나그네를 하염없이 기다리는 산속 홀로 핀 애처로운 산도라지 꽃처럼 나도 모르게 기다림에 젖어 있는 나를 문득 발견한 적이 있다. 그리움은 절로 생겨나는 감정이지만 기다림은 의지로 끊어 낼 수 있는 것. 강단 있게 표정 관리 하며 용케 살았다. 어느 날, 그 영혼은 어느 우주에서 어디쯤 가고 있을까 생각했다. 훗날 내가 지구를 떠나는 날, 몇 광년의 속도로 달려가면 그를 쫓아갈 수 있을까 생각해 본 적 있다. 그때 만나면 무어라 말할까. 여전히 하얀 턱시도를 입고 미안한 듯, 할 말 없다는 듯, 무표정 지을까. 안개에 싸인 그날이면 분명히 묻고 싶어질 테지만, 그것 또한 그때에도 묻어 두겠지. 안개 속에서는 언제나 모든 것이 젖어 드니까.

비슬산 아래로 반쯤 드러난 계단이 안개에 잠겨 있다. 안개는 절절하게 유혹한다. 내려가 보고 싶은 충동에서 헤어 나오기 힘들다. 안개가 포근한 솜사탕처럼 물 젖어 오는 느낌이 좋다. 솜이불같이 푸근하게 덮어 보고 싶다. 내려가 젖고 싶다. 안개에 한동안 원 없이 잠기고 싶다.

안개는 환상이다. 사람은 환상에 젖어 결혼하고 깨어진 환상에 견디지 못해 이혼하고 환상은 깨어진다는 사실을 기억하지 못해 재혼한다. 인생이 모두 그런 것. 내려가면 다시 올라와야 하는 수고를 감수해야 한다는 것. 그런 줄 알면서도 기어코 그 길을 가 보고 싶은 마음 절절해지는 것. 희부연 비슬산 안개에 취해, 그윽하고 자욱한 안개에 젖어.

고무신 | 해묵은 때를 벗긴다. 엄두를 못 내서 미뤄 뒀던 곳까지 치워 볼 생각으로 오랜만에 마음을 다잡았다. 신발장도 정리하면서 대청소를 한다.

손이 잘 닿지 않는 맨 위 구석진 곳에서 내버려둔 고무신을 발견한다. 결혼할 때 한복 색깔에 어울리게 맞춰서 마련했던 신이다. 굽이 낮아 잘 신지 않지만 버리기도 섭섭해 이사 다닐 때마다 줄곧 따라다닌 신발이다.

문득, 일가친척에게 인사하러 다녔을 때 고무신을 손수 닦아 주던 시어머님의 모습이 떠올랐다. 처음 인사하러 갔을 때 시어머니의 첫인상은 콩깍지 때문이었는지 대장부 같은 풍채에다 잘생긴 얼굴로 느껴져서 호감이 갔다.

결혼 후 시댁에 들어가서 살아 보니 첫인상과는 달랐다. 많은 것을 끝도 없이 요구하는 탓에 며느리 셋을 힘들게 한 분이었다. 돌아가시고 난 뒤 짐 정리하며 생각했다. 어머님은 허세를 부리고 싶은 마음에 욕심을 불렀던 것 같았다. 분에 넘치는 예단 요구도 그랬다. 결혼하자마자 출장 처리된 월급 급여 통장을 빼앗기듯 송두리째 드리고 미국으로 떠났다. 그러지 않았더라면 여유 있게 살 수 있었던 젊은 유학 시절을 국비와 장학금으로 빠듯하게 살아야 했다. 그런데도 절기마다 물건을 사서 보내라는 국제 전화를 받곤 했다. 경제적인 여유가 없었던 학생 시절, 임신복 한 벌도 받아 본 적 없는 나로선 지나친 요구라고 느꼈다. 시부모님을 제대로 보필하지 않은 시댁 형제들이 원망스럽기도 했다. 한편으로는 여유가 있었더라면 선진국의 좋은 물건들을 많이 보내 드릴 걸 하는 아쉬움도 있었다. 대신 공감대와 격차를 좁히기 위해서 하루도 빠짐없이 편지와 자라는 아이들 사진을 보내 드렸다. 미국의 상황과 현지 적응을 해 가는 우리 부부의 생활 모습을 알려 드리려고 노력했다.

20여 년이 지나고 교환 교수로 미국에 다시 가게 되었다. 2~3개월마다 왕래하는 남편 편으로 이민 가방 2개에 필요할 것 같은 물건을 한가득 넣어 보내곤 했다. 할 수 있을 때 잘해 드리자는 마음에서였다. 그때 실컷 받아보고 한풀이가 되었던지 어머님은 온 동네방네 당신의 아들과 막내며느리를 자랑하고 다녔다는 얘기를 돌아가신 후에 듣게 되었다. 어머님이 살아 계실 동안에는 최선을 다해 잘해 드리려고 애를 썼다. 혹시라도 돌아가시고 난 뒤에 내 마음속에 걸리는 부분이 조금이라도 남아 있을까 봐 염려되어서였다.

그렇게 내 숨통을 조이듯 당신 손아귀에 넣고 싶어라 하던 어머님이 몇 년 전에 돌아가셨다. 천년만년을 살 것만 같았던 드센 어머님이 돌아가셨을 때 알 수 없는 눈물이 하염없이 흘러내렸다. 속절없이 영정 사진 앞에 앉아 있으니 어머님은 나를 보고 방긋 웃고만 계셨다. 밤새도록 긴 시간을 앉아서 어머님 영정과 얘기를 나누었다.

장례를 치르고 유품을 정리하려고 시댁에 들러서 장롱 문을 열어 본 나는 까무러치게 놀랐다. 평소에 너저분하게 어질러 놓던 어머님 습관과는 달리 옷가지들을 싹 비우고 깔끔하게 정리되어 있었다. 언제나 받기만을 고집하던 그 욕심은 결국 텅 빈 장롱으로 남게 되었다.

어머님은 돌아가시기 직전에 당신이 세상을 떠나실 것을 미리 알고 계셨을까. 갖고 계셨던 통장과 당신의 반지를 우리에게 미리 맡겼다. 매번 우리가 보내 드린 예금이었지만 그 돈을 누구에게 얼마 주고 어떻게 쓰라는 당부를 했다. 우리에겐 사후 뒤치다꺼리만을 부탁하였다.

텅 빈 장롱 안에는 평소 좋아하고 즐겨 입었던 반짝이 조끼와 노방천 이불만 단정하게 남아 있었다. 모두 내가 해 드린 것이었다. 섬뜩했다. 순간 장롱 안에서 "야야, 나는 니 사랑했데이." 하는 말씀이 내 귀에 들리는 듯했다. 저절로 무릎이 꿇어졌다. "어머님, 제가 졌습니다."라는 말이 나도 모르게 튀어나왔다. 사랑하는 일에 있어서 내가 많이 부족했었다는 고백이었다. 그렇게 괴롭히듯 코를 꿰듯 나를 구속하더니 그것이 나를 사랑한 행동이었다는 말인가 싶었다. 허망했다.

그때 내 머리를 스치고 지나가는 깨달음은 '철부지 사랑도 사랑'이라는 것이었다. 어디 성숙한 사랑만 사랑이던가. 성숙치 못한 사랑 또한 사랑이다. 젖먹이가 엄마의 젖무덤 속에서 칭얼거리고 보채며 힘들게 하고 엄마의 사랑과 보살핌을 받기만 하지만 그 또한 사랑이듯이. 어머님을 보살펴야 한다는 생각으로 가득 찼고 어머님은 나를 좋아하는 마음으로 자주 불러 댔지만, 구속과 속박 속에서 내가 힘들게 느꼈던 것 같았다.

사람은 죽고 난 뒤에 그 가치가 나타난다고 한다. 어머님의 부재는 그 동안의 감정, 가족 간의 사정상 차마 표현 못 한 사건들, 집안 간의 끈끈한 정의 결속들을 깨닫게 해 주었다. 부모님이 주무시던 방 구석구석에는 그분의 외로움, 인생의 허무감이 낱낱이 묻어나고 있었다. 우리 형제들의 우애와 단결도 당신이 구심점이 되어 강력한 끈으로 맺어져 있었음을 깨닫게 되었다.

시어머니를 떠올리면 《마파도》라는 영화의 욕쟁이 할머니의 대사가 생각이 난다.

"이놈아, 인생이 별거더냐. 고무신짝에 붙은 껌딱지 같은 것이여."

우리가 살아가면서 없어서는 안 될 소중한 필수품인 신발이지만 정작 소중하게 생각하지 않고 살아가기도 한다. 중요하지만 중요하지 않은 것인 양 살아가는 것이 인생이다. 아무리 떼어 내려 해도 그 흔적이 지독하게도 붙어 있는 껌딱지 같은 것이 우리 인생이고 우리의 인연이 아닐까.

어머님 살아 계실 때는 돌아가시기만 하면 다시는 생각하지 않고 완전히 잊어 주리라 생각했다. 그 구속에서 맘껏 자유로울 것으로 생각했다. 하지만 기일이나 우리 부부와 아이들의 경사가 생길 때마다 부재의 아쉬움을 느끼게 된다. 남들에게 마음 놓고 꺼내 놓을 수 없는 자랑거리와 기쁨이 생겼을 때 그리고 철없이 실컷 자랑하고 공치사하고 싶어도 나누지 못할 때가 특히 그렇다. '진심으로 기뻐해 주실 어머님이 이 순간 계신다면' 하는 아쉬움과 그리움이 갈수록 짙어져 간다.

어른은 계신지 | 우현 엄마가 바람났다. 소문은 시커먼 연기처럼 빠져나와 스멀스멀 골목길 안쪽으로 비밀스럽게 구석구석 스며들었다.

무뚝뚝한 공장장 남편과 아버지를 닮아 시커멓고 두꺼운 눈썹을 가진 6명의 아들 속에서 여자라곤 혼자였다. 이따금 우리 어머니에게 마음 알아줄 사람이 없다고 하소연했다고 한다.

우현 아버지의 친구들은 여자의 바람이 괘씸해서 당장 내쳐 버리라고 했다. 흔하디흔한 것이 여자라고 한마디씩 덧붙여 가면서. 우현 아버지는 은유법을 기막히게 사용한 명언을 남겨 친구들의 입을 단번에 막아 버렸다. '그래 봤자 남이 쓰던 중고 냄비, 차라리 내가 오랫동안 쓰다가 잠시 남 빌려준 내 냄비가 조금 낫지.'

옛 동네에 영한이 엄마가 있었다. 영한이 아버지는 늦게 겨우 장가가서 귀한 아들을 얻었다. 아들을 낳자마자 실직한 그는 매일 술을 퍼마셨다. 아들 낳고부터 일이 안 풀렸다면서 아내에게 폭행을 일삼았다. 남편을 대신해 삯바느질로 생활비를 벌어 가며 아들을 키우던 영한이 엄마의 얼굴은 기미와 퍼런 멍이 덮여 거무칙칙했다. 그런 일이 있기 전인 불과 두 해 전만 해도 불그레한 홍조를 띤 예쁜 새색시였다. 기미가 덮인 거무스름한 얼굴 위에 시퍼런 멍이 더해져 얹히는 날이 잦아졌다. 항렬 높은 집안 어른을 찾아가 해결해 달라고 부탁했다. 집안 어른은 강력한 가문의 목소리로 족보를 들춰 가며 크게 꾸짖고 혼냈다. 그날 이후 영한이 아버지는 눈치를 보면서 조금씩 변해 갔다.

밀양 집성촌 대종손의 신분에 매여 외지로 나가지도 못하고 엄한 가문 때문에 희생되었다며 피해의식에 젖어 사는 장우가 있었다. 그가 스스로 세상을 떠났다. 대종손 맏며느리인 장우 처는 남편이 죽고 난 뒤 매일 뒷산에 올라갔다. 고래고래 고함을 지르며 있는 힘을 다해 집성촌이 떠나가도록 노래를 불러 댔다. 내용은 '날 데려가라. 도시로 나간 잘난 놈들.' 그런 내용이었다. 집안사람들은 종가 며느리가 상스러운 노래를 일삼는다며 혼 좀 내라는 의미로 시어머니에게 일러바쳤다. 일찍 홀로 된 시어머니는 아궁이에 불을 때면서 귀가 어두운 시늉을 하며 물었다. "대체 나는 듣질 못해서. 그래 부르기는 잘 부르던가."라며 되레 물었다. 궁색해진 그들이 잘 부르긴 하더라고 하자 "그럼 됐지. 노래로 무슨 소린들 못 할 건가. 나는 귀가 어두워 못 들으니 자네들은 귀먹기 전에 많이 들어 두게." 그러고 말더란다. 일러바친 사람들만 머쓱해진 사건이었다.

치매 노인에게 폭행을 당한 아버지는 병원 신세를 질 때가 있었다. 대소변을 받아 내야 하는 지경이니 간병인에게 수치스러운 그곳을 보여야 했다. 멋쟁이 아버지로서는 치욕스러운 일이었다. 항상 당당했고 할 말을 다 하던 분이었기에 풀이 죽을까 염려했다. 생각 끝에 깨끗한 신권 만 원짜리를 바꿔와 두툼한 봉투에 넣어 드렸다. 간병인이 기저귀를 갈아 줄 때마다 한 장씩 팁으로 쓰라는 의도였다. 내 딴엔 기발한 생각이라고 여겼다. 팁으로 써야 할 돈이 일주일 만에 봉투째 사라져 버렸다. 여쭤 봐도 기억이 나지 않는 양 딱 잡아뗐다. 옆의 노인이 장남에게 봉투째 건네더라고 귀띔해 주었다. 멀쩡하던 어른이 돈 행방만 여쭈면 귀 어둡고 치매 걸린 듯하니 묻거나 따질 수 없었다. 멋과 자존심으로 살던 분이 장남을 위해서 망가지는 모습도 기꺼이 했다. 필요할 때만 들리지 않는 노인 난청의 편리성. 그것이 100세 어른의 위신이라고 생각한 것이다.

지금 이 시대는 영주 시대와 같다. 역사에서도 영주 시대가 지나면 통일된 강력한 국가가 성립한다. 지역마다 작은 성을 짓고 영주의 체제 속에서 살아가는 모습을 하고 있다. 세상은 마치 백화점과 같다. 온갖 학술 대회가 판치고 크고 작은 문인 협회가 널려 있고 각종 음악회, 별의별 오케스트라, 오페라단이 제 세상인 양 활보한다. 사람들은 취향에 따라, 필요에 맞춰 선택하고 즐기고 연마한다. 그를 통해 경제적인 이득도 취한다. 그런 곳에는 리더가 존재하여 대체로 그 사람의 지시로 체계적으로 운영되고 있다. 많은 회원은 그 리더의 눈치를 보고 리더 앞에서 어떤 혜택을 얻기 위해 아첨을 떤다. 그런 먹을거리가 있기에 그 네트워크가 유지되기도 한다. 그 사람의 한마디에는 권위가 있고 힘이 있다. 작은 어른인 셈이다.

심리적으로 볼 때 권력을 가지려는 이유는 욕망의 그 끝에 돈과 여자가 같이 따라서 오기 때문이라고 한다. 현대에 이르러서 그 욕망은 남자에 국한된 것만은 아니다. 이 시대의 오염성을 보는 사람들은 종종 어른이 사라진 세상이 되었다고 푸념한다. 예전에는 당대 최고의 지성인이나 정치인들에게도 쓴소리할 수 있는 큰 어른이 서너 분은 꼭 있었다.

공자孔子는 40세를 불혹不惑이라고 했다. 장수하는 현대를 고려하더라도 유혹에 흔들리지 않는 나이쯤에야 비로소 어른이라고 볼 수 있다. 어른이 되기 시작한다. 어른 노릇이란 집안에 닥친 위기를 경험적 지혜로써, 해학적으로 극적인 해법을 동원해서 해결할 수 있어야 한다. 기지를 발휘하기도 하고 마음의 여유도 가져야 한다. 자신의 몸가짐을 도덕적, 합리적으로 타당한 행동을 해 왔는지 반성하며 살 일이다. 니체는 건강하게 살려면 반성은 불쾌하고 어두운 결과를 초래한다고 했다. 하루를 돌아보는 반성은 자신과 타인의 잘못을 깨달아 우울해지고 만다. 그럼 어찌하면 좋을까.

하루를 마치는 저녁, 깊은 반성을 하고도 다음 날 힘차게 도약할 수 있다면 어른의 경지 아닐까. 세상에서 가장 어려운 것은 자기를 이기는 것이다. 반문해 본다. 가장 미소한 소그룹의 사회 구성에서라도 어른 구실을 제대로 하고 있는지 자신에게 묻고 싶어졌다.

물소리, 물소리가 있기에 | 그저 듣고 있다. 아무 움직임이 느껴지지 않는 정자 곁에서 물소리만 들리고 있다. 고독이 침범할 때 더 깊은 고독으로 던지는 것이 나만의 해법이다. 마지막 남은 겨울눈을 찾아 흙마저 꽁꽁 얼어 버린 계곡을 따라 들어갔다. 그곳엔 한해 마지막 내렸던 눈이 냉동된 채로 정적을 만나고 있었다.

《미스터 션샤인》 촬영지로 알려진 안동 만휴정이다. 조선 시대 김계행이 말년에 독서와 사색을 위해 지은 곳이다. 외나무다리가 계곡을 끼고 구름처럼 걸쳐 있고 건너편엔 정자가 편안하게 얹혀 있다. 계곡에 넓게 펼쳐진 바위를 비껴가며 굽이쳐 장쾌하게 흘러내렸을 물살이 얼음 밑에 숨어 있다.

순간 어디선가 '물소리, 물소리만' 그런다. 그렇다. 깊은 계곡에 소리가 없다면 두꺼운 얼음 밑에 숨어서 흐르는 물줄기를 누가 알 수 있으리. 앓는 소리 없는 고통에는 아무도 귀 기울이지 않는 법이다. 신음이 없다면 누가 다른 이의 아픔을 가늠하겠나. 물은 소리가 없다. 물은 바위나 모래, 바람을 만나 소리를 내고 경기를 일으킨다. 그것들과 스치고 부대끼며 생채기를 앓는 소리를 낸다. 봄만 되면 향기를 품어 대는 천리향도 바람과 부딪혀 아우성을 지르고 있다는 사실을 아는 사람이 몇이나 될까.

깊은 밤 2시면 전화벨이 울린다. 괴로워 죽겠다고, 숨쉬기조차 힘겹다고 신음한다. 그에게 공황 장애가 온 듯했다. 전화를 받아 주느라 잠이 토막 나서 나에게 수면 장애가 오고 구내염이 발생해 물조차 마시기 힘든 지경이지만 어찌하겠는가. 사람이 죽는다는데. 무심했다가 나쁜 일이라도 발생한다면 양심의 가책은 어찌할 건가.

화려해 보이는 도시 속에 말 못 하는 고독이 끼어 있다. 정신의 바닥에 딱 붙어 헤매는 그가 보인다. 한파가 가슴 깊숙이 파고든 지 오래이니 심신이 꽁꽁 얼음장일 텐데 그런 자에게 해동의 봄날이 올까 싶다. 물질적 생활은 풍요하나 가족들은 외면하고 있다. 매일 불면의 밤을 새운다. 정에 궁핍하고 배신감에 절어 버린 그는 냉동 창고 속의 동태처럼 건조하다. 표정 없는 얼굴을 감추기 위해 그는 자신의 방에서 두문불출이다. 외로운 그의 방으로 달빛이 숨죽이며 들어와 지친 마음을 주무르던 밤에는에는 바람에도 마음 베이지 않으려 애쓴다고 한다. 만사에 무심해져 동면에 든 곰처럼 이불 속에 파묻혀 있다가 막걸리를 따르며 거울 속 자신과 건조한 대화를 시도하기도 한다. 출근 시간이 되면 매일 똑같은 트레이닝복 차림으로 병원 문을 열고 들어간다. 강남 초호화 빌딩에 저런 인간이 살고 있나 싶어 동정심이 일어날 만큼 행색이 형편없이 초라하다.

그는 소아청소년과 의사다. 명문고를 수석 졸업하고 서울의대에 들어갔다. 서울대병원 교수로 재직 후 개원했던 때는 베이비붐 세대들이 그를 만나려면 2시간 이상 대기해야 처방전을 받을 수 있었다. 결혼 출산율이 낮은 지금, 그때의 100분의 1도 안 되는 환자를 본다며 한때의 영화를 노화한 세월 탓이라고 떠넘긴다.

2시만 되면 가슴이 터질 것 같아 못 참겠다고 한다. 술에 의지하지 않고선 하루도 지나갈 수조차 없다고 징징거렸다. 전화해도 되느냐는 말에 그러라고 했더니 어김없이 밤중 2시면 전화를 걸었고 나는 전화를 자동 인형처럼 받아 주었다. 벨 소리에 잠을 깨면 누워 있는 채로 듣기도 하고 잠이 덜 깨면 비몽사몽으로 응대했다. 나는 수필 작문 동기로 대화를 끌어갔다. 달을 좋아한다기에 달을 주제로 쓴 글, 내 고독이 발상 전환을 일으킨 얘기, 치유하고 회생하였을 때를 적은 글을 낭독해 주기도 했다. 대화가 절실한 그에게 마음의 문이 흔들렸다.

한 계절이 지나가면서 빛줄기가 새어 들기 시작했다. 드디어 그가 웃었다. 오랫동안 굳어 있던 안면 근육이라 어색했지만, 그가 웃는 소리를 눈으로 보는 듯했다. 전화기 너머에서 그가 더 박꽃같이 웃기 시작했다. 소년같이 순진한 웃음소리가 마침내 새어 나왔다. 죽을 줄만 알았던 그가 친구도 만나고 클래식 음악을 들으며 산책하거나 운동도 한다고 했다. 시리도록 파란 늦겨울 하늘이지만 점심시간을 틈타 따뜻한 햇볕을 느끼며 하천 길을 걷다 막 돋아난 잡초의 새순을 보았다고 말했다. '살아 있음에 행복하다'라고도 했다. 그가 살아나면서 나는 다시 얼음장 밑 물이 되었다. 전화 받느라 전염된 수면 패턴이 혼란스럽고 구내염이 낫질 않아 아직도 나는 벌벌거리는데, 그가 나보다 더 나은 듯했다. 내가 그보다 고독해져 버렸다. 그가 행복해지면서 전화벨 소리의 관성이 기다림의 습관을 만들어 놓은 듯했다. 그날부터 사각의 공간 속 정적에 내가 갇혀 버렸다. 나의 잠을 토막 내던 2시의 전화벨 소리는 더는 울리지 않았다.

얼음 속에 숨어서 '추르르르' 흐르는 물소리. 숨어 우는 물소리에 글감을 얻는다. 물소리는 내게 백지 위에 낙화 같은 서정을 그리고 쓰게 한다. 글 속에서 은밀히 흐느끼고 글을 쓰는 동안 나도 모르게 어느새 나 자신을 치유한다. 꾹꾹 눌러 가며 조곤조곤 쓴 내 글자들은 구름다리 아래 숨어 흐르는 물소리를 들으며 만휴정으로 건너간다. 정자 마루에 앉아 따뜻하게 쓰다듬고 토닥이며 위로의 휴식을 건네기도 한다.

울음을 주저하지 말자. 눈물은 마음의 독을 뽑아내는 성스러운 물줄기이니까. 신음이기도 하지만 치유의 눈물 소리인 것을. 산속 썩고 낡은 낙엽을 모아 묵히고 두드리며 울어 주는 물소리. 그 고통의 신음이라도 있어 우리는 듣고, 울어 주고, 기대고, 안아 주고, 살아갈 수 있다.

"리스 포춘호는 블루 오션을 순항 중. 리스 패밀리는 무사함. 영감탱이는 응답하라. 오버"

마침표는 찍지 않았다.

-리스 포춘호 중에서-

5부

리스 포춘호

못 먹어도 고 | '쪽' 소리가 났다. 둘이 팔라당 나자빠졌다. 그다음 커플이 또 쪽 소리를 내고 팔랑 자빠졌다. 여기서 쪽, 저기서도 쪽. 짝을 짓는 그 소리가 찰지게도 난다. 짝을 만나지 못하면 '쪽' 소리를 낼 수 없어 시무룩해진다. 그리고 실망하는 탄식이 여기저기서 푹푹 쏟아진다.

일요일 아침, 미사 시간에 성전 앞쪽 자리 성가대에서 신자들의 좌석을 바라본다. 눈부시게 하얀 백발의 노신사와 흰 단발머리의 노부인이 앞줄과 뒷좌석에 앉아 있다. 나이에 비해 두 사람은 풍성한 은빛의 멋진 모습을 하고 있다. 처음에 그 모습을 발견한 날, 아마도 두 사람 사이에 석연찮은 일이 생긴 줄 알았다. 따로 앉은 것은 부부 싸움 때문일 것이라고 짐작했다. 날이 거듭될수록 두 사람은 아무런 관계없는 사이라는 것을 깨닫게 되었다. 미사가 끝나고 그들은 말 없는 눈인사로 마무리하며 헤어지는 것을 목격했기 때문이다. 그런데도 이상하게 미사 시간만 되면 내 눈은 멋진 그 두 사람을 바라보고 있다. 나란히 같이 앉히고 싶은 충동이 올라온다. 은발의 노신사 옆에 은발의 노부인을 앉혀 놔야만 완성된 그림이 될 것 같은 욕구를 느끼니 어찌할 수 없다.

게슈탈트 조형 심리 법칙이 있다. 법칙 중에서 유사성(similarity)의 원칙은 사람 마음을 저절로 끼리끼리 맞추려는 심리적 작용을 하는 것이다. 게슈탈트의 조형 심리를 기가 막히게 응용한 놀이가 화투다. 특히 고스톱은 한국인 중에 대다수가 좋아하고 즐긴다. 점수를 매겨서 승자가 독식하는 법칙도 있고 과감하게 투기를 조장하는 '고'가 있다. 그러나 과욕을 부리면 설사라는 것을 해서 파국을 맞기도 한다. 반면, 도전하는 욕심을 버리고 '스톱'을 외치면 안전하게 이길 수 있다. 민화투는 순전히 운이 작용하는 것 같아 인생 역전의 도전과 노력이 먹히질 않는다고 생각한다. 그래서 화투보다는 서양식 카드 포커 게임을 더 선호한다. 반면, 고스톱은 선택과 순간의 판단이 중요한 역할을 하고 있다고 느꼈기에 즐기진 않지만, 취향에는 맞는 편이다.

고스톱을 칠 때 가장 쫀득쫀득한 긴장감을 느끼는 순간으로 자칫 용감하거나 무모한 도전이 될 수 있는 갈림길이 있다. 중요한 선택을 해야 할 때다. 3점을 획득하고도 더 큰 점수를 내 보고자 하는 욕심이 일어나면 '고'를 외치거나 안전하게 작은 점수라도 얻고 끝내려면 스톱을 외쳐서 결정해야 할 때다. '계속해야 할까, 말까' 결정해야 하는 순간이다. 위험을 감수하고도 크게 점수를 더 얻어 보고자 할 그때 외치는 구호가 있다.

"못 먹어도 고."

해운대 해변에는 많은 인파로 득실거린다. 그중에 재밌는 장면은 다정하게 어깨에 손을 얹거나 팔짱을 끼고 애정이 어린 눈길로 비벼 대는 그들은 반드시 커플룩을 입고 있다. 색깔이 같게, 모양을 맞추거나 완전하게 색깔과 디자인까지 데칼코마니다. 둘이 한 몸인 양, 상대의 몸속으로 흡수되려는 듯 밀착해서 걸어간다. 굳이 묻지 않아도 사랑하는 사이라는 것을 알 수 있다. '우린 커플이에요.'라고 표시하고 자랑하는 것 같다. 그것이 사랑이 아닐까. 서로에게 맞추려는 마음. 같아지려는 노력. 사랑은 자신이 갖고 있던 삶의 철학을 조금씩 변화시켜서 상대를 위해 바꾸고 싶은 마음이다. 그것이 사랑하고 있음을 깨닫게 하는 좌표다.

신혼의 유효 기간이 끝나고 눈에 씌었던 콩깍지마저 벗겨지면 서로의 맞지 않는 부분이 유독 눈에 띈다. 치약 짜는 작은 습관부터 잠자는 패턴까지 다른 점만 크게 보인다. 요즘 늘어나는 이혼과 별거나 각방 쓰는 부부들이 대부분 하는 말은 '안 맞아서'라고 한다. 신혼 때는 맞아서 사랑하고 눈만 마주쳐도 웃고 아이도 만들고 살았던가.

초기에 저절로 생겨난 '같아지려는 행동'이라는 콩깍지가 벗겨진 날부터는 의식적으로라도 맞추려고 노력하면 안 되는 걸까. 화투짝을 힘차게 두드리며 같은 그림을 맞춰 보려고 애쓰는 마음으로 살아 보면 안 될까. 잘될 것이라는 확신을 두고 '못 먹어도 고.' 같은 오기마저 부려보면 안 되는가.

가을 햇빛 좋은 창가에서 나를 위해 새로 산 리클라이너 소파 위. 세상에서 제일 편안한 자세로 다리를 쭉 뻗고 비스듬히 앉았다. 그리고 루 살로메가 좋아했던, 루를 사랑했던 니체를 만나고 있다. 문득 궁금해졌다. 무척 좋아했지만 이루어지지 않았던 그들의 사랑의 공식을 찾아내고 싶었다. 니체는 왜 루 살로메에게 거부되었을까. 루는 왜 니체를 받아들이지 않았을까.

니체는 루와 헤어지고 난 후《자라투스트라는 이렇게 말했다》를 출간했다. 그의 생활 철학은 정신병을 앓고 있던 니체가 건강하게 살 수 있었던 사고 철학이었다. 우리는 모두 가면을 쓰고 살아가고 있다. 그 가면 때문에 상처도 생기고 마음의 병도 생긴다. 니체가 표현했던 개인주의적인 철학은 그런 상처 없이 살아갈 수 있는 체험적인 이론이다. 그러나 사랑에서 개인주의 방식은 성공하지 못한다. 사랑하는 사람이 서로 닮아 가려는 노력은 지극히 자연스러운 현상이다. 욕망이 있어야만 생겨나는 것이 의지이기 때문이다. 내가 알고 있는 이것을 니체는 몰랐을까. 여자가 원하는 그것.

국가에서 10년마다 자동 이혼이 되는 법을 만들어야 한다고 나는 종종 주장한다. 다른 사람을 만날 수도 있고 계속해서 살아도 되는 선택은 주어야 한다는 것이다. 헤어질 사람들이라면 부담 없이 살 것이고, 헤어질 것이라서 애틋할 수도 있다. 사람들은 내게 절호의 기회를 잡은 사람인 양 말하곤 한다.

그렇다고 치자. 만일 나처럼 행운아가 아니라면, 부디 화투짝을 두들기듯 지금의 배우자에게 자기를 맞추려고 애를 써야 할 일이다. 만일 니체가 살아 있었을 때 고스톱을 알았더라면 루 살로메와의 결별은 없었을지도 모를 일이다. 그때, 자라투스트라는 이렇게 다시 말할 것이다.

"못 먹어도 고."

리스 포춘(Lee's Fortune)호 | "리스 포춘(Lee's Fortune)호 나오라. 오버."

어젯밤에도 포춘호에 교신이 왔다. 아마도 리스 포춘호에 승선한 리스 패밀리(Lee's Family)의 안위를 묻는 신호였을 것이다. 나는 아직 그 신호의 내용을 모두 해독하지 못하지만 아마도 그러할 것이라 어렴풋이 짐작만 할 뿐이다.

비 오는 바다는 먹먹하다. 하늘인지 바다인지 구분이 안 될 만큼 같은 색깔과 같은 빛깔로 맞닿아 닮았다. 우산 없이 내리는 비를 맞으며 바닷가를 걸어가면 몸이 깨끗이 씻겨 내리는 느낌이다. 비와 나만의 조용한 교호 작용 중에도 바다는 바람과 순응하며 파도를 낳는다. 고갈된 마음을 촉촉하게 적시는 바람결과 그를 달래 주는 박력 있는 바다 물결은 지독할 만큼 서로 결이 닮았다.

해외와 객지로 거처를 옮기면서 살다가 다시 바다 곁에 정박하게 되었다. 가슴이 답답했던 마음의 병이 바다를 떠난 원인이었다는 것을 깨닫게 된 것은 바닷가에 서식지를 마련하고부터다. 해무가 자욱하게 일상을 덮는 날에는 바닷가에 있는 초고층 빌딩들이 사라졌다 나타났다 반복하면서 온종일 도깨비처럼 요술을 부렸다. 익은 봄 4월과 농염한 10월은 유난하게 안개가 해안 도시를 장악했다. 짙은 겨울 오후 다섯 시쯤 바다 너머로 지는 석양을 바라보는 일은 황홀 지경 속으로 빠져들게 했다.

언덕 아래 철길을 따라 걷다가 길가 데크길 옆으로 조금 내려가 몽돌해변에 다다르면 갯바위와 바다가 차려 놓은 장관이 시린 바람처럼 눈 속에 들어온다. 하얀 거품을 입에 물고서 절대 물러서지 않겠다고 성을 잔뜩 내뿜는 파도. 바위에 부딪혀 저토록 시퍼렇게 멍이 들고도 포기란 절대 없다는 듯 밀려가면 다시 찾아와 덤벼 대는 집념과 독기 덩어리로 뭉쳐 있다. 바다를 좋아하는 건 바로 저 이유다. 속마음을 감추고 속사정을 묻어 놓고 살다가도 저렇게 시원하게 내지르는 포효 같은 아우성이 부럽다. 차마 내던지지 못하는 나의 현실을 처절하게 깨어져 하얀 포말이 된 앞에서 파도가 대신 내던져 주고 있다. 깨어지는 줄 알면서도 다시 앞으로만 달려가는 굽힐 줄 모르는 강한 근성, 그것을 흉내라도 내보고 싶었다.

겨울에도 얼지 않는 바다. 결코, 그는 인간처럼 얄팍한 속내를 쉽사리 드러내지도 않고 배반하지 않으며 깊게 인내한다. 엄중한 자연의 경고를 받아도 등한시하는 인간들과 달리 결코 마음을 얼려 닫는 일만은 하지 않는다. 한없는 다산성을 갖고서 풍요로운 양식을 키워 낸다. 큰 집과 큰마음을 가졌다.

나는 엄마 같은 저 바다를 항상 그리워하며 살았다. 아니, 바다가 나를 오래도록 그리워했나 보다. 바다는 긴 세월 속앓이를 시퍼렇게 하다가 마침내 노년이 다 되어 바닷가로 돌아온 나를 알아본 지금, 반가움의 괴성을 지르고 있다. 물보다 더 많은 거품을 저렇게 내뿜는 걸 보면.

막내가 5학년이었을 무렵이었다. 주몽의 아내인 소서노가 담담하게 선언하듯, '수십 년간 당신을 위해 살았으니 이젠 자식들을 위해 살아 줘야겠다'라며 비장하게 아이 네 명을 데리고 미국으로 건너갔다. 안식년을 교환 교수로 얻은 기회였다. 우리는 이메일과 화상채팅으로 앞일을 의논해 가며 소통하고 서로를 위로했다.

아들의 야구 시합을 마치고 칠흑 같은 인디애나의 어두운 밤길을 지도도 없이 달리다가 옥수수밭 사이로 난 도로에 잘못 들어 길을 잃기도 했다. 타구 연습을 시켜 달라는 아들에게 아빠의 부재가 유난히 크게 다가왔다. 방과 후 수업인 골프 연습을 시켜 주는 친구들의 아빠 모습을 물끄러미 쳐다보는 아들 표정을 덤덤한 척 지켜볼 수밖에 없었다. 연약하게 아빠 보호만 받던 엄마가 불안했던지 눈빛이 가끔 흔들렸지만 나는 바위처럼 굳건한 척 연기를 했다. 사춘기를 잘 넘어가는가 싶었던 둘째는 때아닌 대학생 반항기를 심하게 겪었다. 이를 혼자 받아 내느라 가슴이 긁혔다. 어리석은 첫째는 학부 생활을 힘겹게 넘어가며 좌충우돌했지만, 우리 모두 똘똘 뭉친 파도처럼 바람을 타며 가고 있었다.

각자에게는 사명 같았던 시절을 무사히 마치고 돌아온 네 명의 자녀들은 미국 최상위권 대학을 졸업하고 대기업 연구원과 교수, 의사로 각자 독립했다.

미국에서 나 혼자 아이들을 돌보던 그 당시, 그는 카이스트에 과기부 과제를 심사하러 가던 중 내게 대전역 라운지에서 이메일을 보냈다.

"우리 가족은 블루오션(Blue Ocean)이라는 희망의 바다에 리스 포춘 호를 띄웠소. 여보, 당신은 리스 포춘호의 선장이오. 리스 패밀리(Lee's Family)를 부탁해요."

무한한 신뢰와 목적지까지 무사 항해를 기대한다는 내용이었다. '첫눈에 반했던 처음 그때처럼 앞으로도 당신을 영원히 사랑하는 영감탱이가.'라는 말 뒤에 단단한 마침표가 찍혀 있었다.

가정은 인생이라는 바다를 항해하는 배와 같다. 그곳에는 각자 맡은 직분이 있다. 하늘에 해가 둘일 수 없듯이 가족 중에 누군가는 선장 노릇을 하고 누군가는 일등 항해사 역할을 해야 한다. 어두운 기관실에서 묵묵히 엔진을 꼼꼼하게 살피는 갑판장이나 자세히 점검하는 기관사도 있어야 한다. 그래야 배는 처음 출항할 때 정해 놓았던 목적지를 향해 바닷바람과 파도를 만나도 순항하며 떠다닌다. 같은 교수 신분이었지만 그가 가능성이 있어 보였기에 기꺼이 그에게 선장 역할을 양보했다. 나는 충실한 그의 보조자로서 선원들을 돌보는 섬세한 항해사 노릇을 해 내고 있었다.

우리 포춘 호는 국제학술대회 참석 명분으로 세계 각국을 항해하면서 낯선 풍경에 도취하여 행복해했다. 가끔 거친 파도와 뜻밖의 암초를 만나 부딪쳤을 때도 지혜롭게 헤쳐 나갔고 어둡고 불투명하고 앞길이 멀어도 희망이라는 등대 불빛을 함께 바라보며 신뢰를 쌓았다. 내가 아이들을 데리고 미국으로 갔을 때, 한국에 혼자 남은 그는 일등 항해사인 나를 정식 선장으로 임명했다. 배 이름을 리스 포춘(lee's fortune)호라고 명명하면서. 그것은 훗날, 선장 부재의 경우를 예비하는 암시였다는 것을 이제야 어렴풋이 짐작한다. 그리고 나는 홀로 엄마의 바다를 헤쳐 나가야 했다.

하늘 멀리 떠난 그가 어젯밤 꿈에도 내게 교신을 보내 왔다. 그가 보낸 교신은 아직도 해독을 못 하고 있다. 아마도 리스 포춘호에 탄 리스 패밀리의 무사 항해를 염려해 주는 그의 간절한 기도일 것이라고 짐작해 본다.

"리스 포춘호는 블루 오션을 순항 중. 리스 패밀리는 무사함. 영감탱이는 응답하라. 오버"

마침표는 찍지 않았다.

존경하는 손 | 밤늦게 도착했다. 설거지해 놓은 그릇들이 싱크대 위에 가지런히 놓여 있다. 부모님을 돌봐 드리고 집으로 돌아와 보니 그가 날 기다리다가 침대에서 잠든 모습이 보인다.

고마운 사람이다. 내게는 부모보다, 형제보다 더 따뜻함과 평안함을 안겨 준 사람이라는 생각이 든다. 어쩌다 이렇게 복이 많아 저렇게 선한 사람을 다 만났을까 싶다.

단속과 체면 치레를 위해 반듯하기를 암묵적으로 요구하신 부모님이셨다. 반면, 어떤 요구를 하거나 고치려 한다든가 자유를 구속하지 않는 그였다. 평생을 마음 자유롭고 편안하게 살 수 있게 해 준 고마운 사람이다. 그것은 자신감에서 오는 당당함이라고 미루어 짐작한다.

그는 한쪽 손을 이마에 얹어서 자고 있었다. 마치 고단한 하루 일과를 마치고 땀을 닦는 듯한 모습이 떠올랐다. 손을 잡아 이불 속에 넣으려고 보니 많이 변한 그의 손 모양이 눈에 쏙 들어온다. 예전에는 얼굴보다 손이 더 잘났다 싶을 만큼 곱기도 하더니 이젠 많이 늙었다. 힘줄도 불룩 튀어나오고 주름도 생겼다. 연인이었던 시절에는 예뻤던 저 손을 보면서 평생 곱게 학자로서 편안히 잘살 것 같다는 기대를 했었다.

밀고 당김 없이 뜨겁게 온 마음을 다해 계산 없이 사랑해 주는 그 마음에 감동하여 결혼했다. 스물아홉 살밖에 안 되는 그 어린 신랑을 나는 하늘같이 신뢰하고 의지했다. 생각해 보면 불완전한 인간을 그렇게도 의지했던 '철부지 색시'가 얼마나 부담스러웠을까 싶다. 자식이 많은 아버지로서, 두 집안의 막내로서, 형제들보다 더 많은 짐을 지고 부모님을 봉양하는 자식으로서 도리를 다했던 무게는 몹시 무거웠을 것이다. 세파를 헤쳐 나가느라 이제 그의 손은 지금 고단한 힘줄이 불룩불룩 솟고 거칠어져 있다.

그는 언제나 부드럽고 설득력 있는 문장을 사용하여 나를 북돋아 주었다. '예쁘다, 사랑한다'라는 말을 항상 대화할 때 넣어 말했다. 결혼생활 동안 그가 추켜 주는 말은 내 자존감을 높여 주었다.

둘째가 영재 학교에 다닐 때였다. 아이가 수학경시대회나 과학경시대회에서 시험을 치르는 동안 학부모들은 시험장 밖에서 기다리고 있었다. 주변 교수님이나 교육학자들의 말을 전적으로 믿은 탓에 아이들을 학원에 보내지 않고 공교육만을 철저히 믿었다. 자생력을 키운답시고 스스로 자습하도록 지도했었다. 학원에 보내지 않는다는 말에 다른 학부모들은 화들짝 놀라며 그런 식으로 키우면 아이를 망치게 된다고 했다. 이구동성으로 겁을 주며 강압적으로 나를 몰아붙였다. 나도 경험은 없었으니 확신은 할 수도 없었다. 단지, 교육학자들의 이론만 듣고 순진하게 따라 할 뿐이었다.

그날 저녁 남편은 불안해하는 내게 "당신의 교육 방식이 옳아" 하며 용기와 지지를 해 주어 마음을 다잡을 수 있었다. 그 덕분에 용기를 얻고 아이들 모두 사교육의 힘을 빌리지 않고 키워 냈다. 자력으로 노력해서 비교적 번듯한 대학에 진학하게 되었다. 그때 내 등을 위아래로 쓸어내려 주던 그의 힘 있던 손은 참으로 든든하고 따뜻하고 인자했던 손이었다.

그의 매력은 해외 국제학술대회 행사 중에 더욱 빛이 났다. 국제학술대회에서 만나는 세계의 유명한 학자들은 그를 무척 좋아했다. 유머러스하고 박력 있는 말솜씨와 책임감 있는 몸짓으로 자신을 각인시켰다. 그에게 짙은 인상을 받은 각국의 석학들은 본국으로 돌아가 우리 부부를 그들 집으로 초대하기도 했다. 자기들이 몸담은 대학에서 초청 강연을 하게끔 초대하기도 했다. 그들과는 서로 각별한 친밀감을 지속해서 유지했다. 그들이 자기 나라에 와 준 그를 '형제'라며 어깨동무를 하고 정을 돈독히 나누는 모습을 바라볼 때 마음이 흐뭇했다.

서울대나 카이스트의 후배 교수님들과도 만나는 모습을 목격할 때가 자주 있었다. 그이 앞에 다소곳이 고개를 숙이고 그의 말을 경청하고 있는 국내 석학들을 보게 될 때는 그를 처음 만난 처녀 때처럼 가슴이 뛰고 설렜다. 학회에서 리더로서 진두지휘하던 그의 손은 정열이 가득했고 힘찼으며 신의가 있었고 매력이 넘쳤다.

아이들을 키울 때는 매주 주말마다 빠짐없이 가족 활동을 해 왔다. 막내아들이 아기였을 때 과체중 아들을 멜빵에 둘러매고 금정산 정상까지 오르기도 했다. 그때 불끈 치솟았던 손등의 힘줄이 떠오른다. 등산객들은 모두 감탄을 뿜어냈다. 아이들이 걸음을 온전히 걸을 때까지 언제나 안고 다녔던 것도 그의 몫이었다. 집안의 무거운 것을 옮길 때마다 그의 손이 항상 필요했었다.

평생을 곱게 순탄하게만 살 것 같았던 그의 손등에 울퉁불퉁 힘줄이 솟아났다. 힘줄과 주름진 손등 위에 세월이 덮여 있다. 학벌 좋고 실력 있고 행운도 잘 따라 주었던 그에게도 인생이란 것이 절대 가볍지만은 않았음을 그의 손 모습이 대변해 준다.

그 변한 손 위에 감사함과 존경의 마음을 얹으면 절로 고개가 숙여진다.

암컷으로서 | 모서리를 돌아오다 읽었다. 여성을 비하하니 표를 주지 말자는 어느 정당의 플래카드였다. 살면서 종종 흥분하는 사건이 몇 번 있다. 단전에서부터 가슴과 목구멍까지 무엇이 용솟음쳐 올랐다. 여성 비하나 '여자란 이렇다'라고 마치 여자에 대해 모두 꿰뚫고 있는 듯 단정 짓는 말을 들을 때다. 이번에도 나도 모르게 흥분하여 반박하는 말이 많아진다.

'암컷'

여성 비하를 위해 한 정치인이 사용한 단어였다. 감히 암컷이란 단어를 그때 사용해야 했을까. 하지만 소스라치게 흥분할 단어일까, 자연스레 구별하는 용어로써 받아들여야 할까 당혹스럽다. 사람들은 그 단어에 집착하며 여성 비하라고 따지기 시작한다. 지적하려는 불법적인 사건의 정과 부를 따지는 것에는 이미 둔감해져 버렸다.

'암컷'

본디 얼마나 거룩한 뜻을 품은 단어인가. 거룩하다는 말은 보통의 일반적인 것과 따로 구분하여 빛나게 돋보이는 것을 의미한다. 암컷의 특별함은 신이 내린 각별한 축복이다. 흉내 낼 수도 억지로 복사할 수도 없는 그야말로 독자적 용어다. 저마다의 개성과 약간씩의 다양함으로 빚어낸 은총덩어리이다. 모든 자연계는 암컷을 중심으로 돌아간다고 해도 과언이 아니다. 또한, 세계사는 모든 암컷과 관련되어 이루어진 피의 역사 얘기들이다.

동물의 세계에서도 암컷에게 선택받기 위해 수컷들이 싸우고 돋보이려고 멋을 낸다. 오죽하면 동물 중의 왕이라는 수사자도 암컷에게 잘 보이고 선택받기 위해 갈퀴를 멋스럽게 다듬을까. 암사자가 멋 내는 것을 보았던가. 모든 동물이 다 그렇다. 수컷들은 한번 교미하고 떠나는 본성에 충실할 뿐이다. 수컷이 떠난 자리부터 끝까지 자식과 가정을 지켜서 독립시키기까지는 어미의 눈물겨운 헌신이 있다. 여성이 화장하고 멋 부리는 본성도 자신의 자식들과 그가 머무르도록 하려는 피나는 노력의 심리가 숨어 있다고 한다.

'푸바오'라는 판다 동영상이 연일 인기몰이 중이다. 조회 수가 엄청나고 그를 돌보는 사육사까지 '강바오' '푸바오 할부지'라는 애칭으로 불린다. 푸바오의 인기 뒤에는 '아이바오'라는 어미 판다의 헌신적이고 놀라운 모성이 사람의 심상과 닮아 있어 진한 감동을 스미게 한다. 아이바오는 칭얼거리는 새끼 판다를 사람처럼 토닥여 주며 젖을 물린다. 170g의 미숙아로 태어나 털도 없는 아주 작은 새끼를 손으로 받쳐 가슴에 안아 주는 모습도 사람을 닮아 감격스럽다. 동영상을 보는 사람들은 화면 아래 적힌 모성애를 느끼는 자막 때문에 그들에게 더욱 몰입하게 하고 의인화라는 심리적 반응을 끌어내는 것이 아닐까 싶다.

집안의 숨은 내공은 어머니의 기여도가 바탕이 된다. 얼핏 보기에 한 집안의 중심이 아버지 중심으로 가정이 존립하는 것으로 보이지만 그 속을 들여다보면 다르다. 진한 우애를 지닌 형제라 하여도 어머니가 타계하면 우애는 흩어지고 옅어진다. 여자들에게 어머니의 부존은 친정이 사라졌다는 표현을 쓰게 한다. 어머니의 존재는 형식뿐 아니라 정신까지 지배하는 존재적 가치도 지니고 있음이다.

'암컷'이 어때서.

누군가를 정치적으로 공격하려고 사용한 단어가 하필이면 암컷이어야 했을까. 하지만 거기에 발끈하며 감정을 드러내는 것은 오히려 '하수'의 행동이다. '암컷'이란 단어에 존경심을 갖는 마음이 배어 있다면 그 단어를 사용한다고 해서 심각하게 표정 짓고 대적할 필요조차도 없다.

세상천지에 생명을 잉태하고 생산해 내는 존귀한 작업을 암컷 말고 또 할 수 있는 것이 어디 있을까. 인간이 로봇을 창작해도 대단하다고 주목받는 세상에 생명을 창조하는 일은 얼마나 위대하고 거룩한 일인가. 그것은 창조주 역할을 한 것과 다름없다. 수컷은 아무리 부러워도 할 수 없는 한계를 느끼는 것이 생명을 탄생시키는 일 아니겠는가. 숭고하고 거룩한 작업을 신이 특별히 상속해 준 축복을 허술히 넘겨선 안 된다. 여성이 자존감만 높게 형성된다면 '암컷'이란 동물적인 단어 사용에도 민감해질 필요 없다. 흔들리지 않으면서 편하게 받고 배로 되받아칠 수 있는 '고수'가 되어야 한다.

'암컷'이라서 태어나면서 축복은 타고난다. 유아기와 아동기, 청소년기 그리고 숙녀에서 어머니와 할머니가 되어 가는 과정은 수컷들이 도저히 상상할 수 없는 생명의 비밀이 은밀하게 작용한다. 저절로 생식기를 청결하고 소중하게 여기는 본능이 그러하고 젖 봉오리가 아프게 솟아오르는 소녀기를 겪어 가며 초경을 맞고 완경이 될 때까지 충실한 여자가 되어 간다. 난자는 한 개 정자하고만 수정하므로 아무나 만날 수 없어 고르고 골라 확실한 수컷에게만 순결하게 허락하고 받아들인다. 그러니 선택받기 위한 수컷들이 이 암컷 저 암컷을 두리번거릴 수밖에 없다.

수정이 일어나는 것도 신비한 암컷 몸속이다. 수정되어 세포 분열이 일어나는 동안 발열로 오한이 일어난다. 그것은 자리매김하기 위한 전쟁이 일어나는 것과 같아 입덧과 구토를 수반하지만, 그조차 참아 낸다. 창조 역할을 위한 숭고한 과정이라고 여기며 거부하지 않는다. 열 달 동안 일어나는 자궁 속 나날의 신비로운 변화를 경험하는 특혜를 수컷은 감히 훔쳐볼 수조차 없다.

생명이 태어나면 어미에게는 젖몸살이 온다. 그때 모성애가 생겨난다. 아기에게 첫 젖을 물리면 아기의 강력한 흡입력이 젖몸살을 낫게 한다. 그런 설명하기 힘든 인과 관계 원리를 느끼게 되는 것도 암컷만의 소중한 체험이다.

세상 밖에 나와 역할이 분리된다고 해서 자신의 고향인 자궁과 탯줄과 어미를 잊을 수 있겠는가. 그래서 수컷은 본향인 어미의 품을 못 잊어 본능적으로 젊은 암컷을 찾아 짝짓기하고 젖을 찾지 않는가. 여자들은 자신이 암컷임을 자랑하고 자부심을 품도록 하자. 세상 모든 수컷이 암컷을 찾기 위해 돌아다니고 선택받기 위해 구애하고 있다. 수컷이 힘으로 지배하는 듯해 보이나 살아 보니 그들의 힘은 삼손의 머리카락 몇 올에 불과하지 않은가.

'암컷'이란 말에 분노하지 말자. 수컷 그들은 암컷의 수태 덕분에 세상에 나오게 되었으며 암컷과 남매로 함께 자랐다. 그들은 암컷과 살고 있고, 암컷인 딸을 만나 딸바보 애칭도 기꺼이 들으며 사는 보통 존재들이다. 암컷이라서가 아니라 암컷으로서 위대하고 거룩하고 축복받은 여성들이여, 수컷은 연민으로 보호해 주어라. 그들은 강한 척하나 약하고 거친 듯하나 여린 실체, 우리가 보살펴 줘야만 하는 바로 수컷들이니까.

파자마 데이(Pajama Day) | 아이들 학교의 '파자마 데이'이다. 학교에 오는 모든 사람은 잠옷을 입고 와야 한다. 갖가지의 잠옷을 입고 와서 웃기도 하는 날이다.

교장 선생님까지도 머리에 수면 모자를 쓰고 입구에서 아이들을 맞이한다. 밝은 날 잠옷을 입고 당당하게 걸어간다. 이 학교뿐만 아니라 모든 학교가 날짜를 달리하여 이런 식의 색다른 시도를 자주 하곤 한다.

어떤 날은 머리 모양을 이상하고 특이하게 해 오는 날. 학교 애교심의 날, 쌍둥이의 날 등등. 그런 날은 늙은 선생님마저도 말괄량이처럼 머리를 두 갈래로 올려 묶고 장난스러운 시도를 해서 나이를 잊게 한다. 애교심의 날은 학교 상징을 하고 오는 날이다. 옷은 다양하되 학교 상징의 색을 맞춰 입어 본다. 쌍둥이의 날은 서로 짝을 만들어서 쌍둥이처럼 똑같이 입고 오는 날이다.

짐작하건대 이날은 왕따를 방지하는 차원이 아닌가 싶다. 고정 관념에서 탈피하고자 하는 의도임이 틀림없다. 생각을 한 번씩 뒤바꿔 보자는 시도이기도 하고 여러 가지 환경적으로 예방 차원도 있을 것으로 생각한다. 이런 발상의 전환 방법이 미국을 발전시키는 정신 아닌가 하는 생각을 해 본다.

내가 대학에서 공간디자인을 강의할 때 제일 먼저 아이디어 스케치를 해 오라는 과제를 내 주곤 했다. 한국 대학생들은 아직 어린 나이에도 불구하고 고정 관념이 박혀서 네모에서 벗어나질 못했다. 왜 꼭 네모여야 하는가를 한 번도 생각해 본 적조차 없다고 했다. 종속적인 공부에 익숙하고 암기식의 교육에 길들여져 있어서 '왜'라는 것을 별로 생각하지 않고 사는 것이다.

선배들의 말을 들어 봐도 그랬다. 주부들은 '무조건 따라 하는 게 제일 속 편해. 그냥 따라 하기만 해.'라고 충고했다. 따라 하는 것이 더 불편한 나였다. 특별하지 않은 것, 평범한 관습적인 것을 지켜나갈 때는 오히려 괴롭기까지 했다. 개성을 잃어버리는 것 같아 불편하게 여겨졌다.

학생들에게 공간디자인 과제를 낼 때 항상 강조했던 말은 아이디어를 찾을 때는 참고 자료를 볼 때 전공 잡지를 보지 말고 다른 전공의 잡지를 보라고 조언했다. 공예나 외국 모델의 사진들, 혹은 그릇 사진을 보라고 했다. 패션 잡지나 모델들이 찍힌 사진의 뒤에는 배경을 반드시 갖고 있기 때문이다. 모든 사진의 중심이나 주인공을 보지 말고 그 곁에 있는 엑스트라나 조연출로 된 배경에서 훌륭한 작품 소재를 찾을 수 있다. 네모에서 탈피해야 구조가 다양하게 나올 수 있다고도 했다. 다양한 공간 나눔과 활용을 생각할 수 있고 더 나은 창작 세계로 발전시킬 수 있는 소재가 된다. 하지만, 학생들은 직장을 갖기도 전에 기성화가 되어 버려 이미 머릿속이 단단히 굳어지고 고착된 느낌을 받았다.

아주 작은 것 하나라도 하려는 의지만 있으면 나는 열정을 갖고 그의 소재를 다듬어 주었다. 나의 아이디어로 첨삭 스케치를 해 주었기 때문에 3시간의 강의를 마칠 때쯤이면 머리가 온통 깨어질 듯 지끈지끈했다. 하루에 백 명 이상의 것을 해 주어야 하니 무척 힘들 수밖에 없었다. 한국에서도 어려서부터 미국처럼 저런 다양하고 독특한 교육 방법을 시행한다면 개성 없이 '무난한' 이란 말을 자주 사용하진 않을 것이라 본다.

어릴 때부터 튄다는 소릴 듣고 자라면서 개성 있게 살았다. 시집살이 하는 동안에도 속앓이한 까닭은 특별함 때문이었다. 제사마저도 때마다 콘셉트를 정하고 싶었다. 똑같은 제삿날이 아닌 돌아가신 분을 특별히 기념하는 날 행사를 기획하고 싶었다. 그분을 회상하는 글 혹은 연관 행사를 한다든지, 조상의 업적을 조사하여 발표하는 시간을 갖자고 의견을 제시했다. 제사에 참여하는 사람들을 위한 색다른 선물을 준비하는 일도 해 봤다. 평범한 것을 그대로 하긴 정말 싫었다. 하지만 내 의견은 번번이 비참하게 무시되었다.

마음은 상처 입었고 억압은 주눅 들게 했다. 항상 새로운 일을 즐기고 싶었다. 일요일마다 콘셉트 있는 나들이를 도모하였다. 나의 핵가족들은 협조를 잘해 주었고 남편은 새로운 생활을 위해 새롭게 변화하는 생기발랄한 아내를 지지하고 격려해 주었다. 행사 때마다 다음 날 아이들의 일기장을 읽어 본 학교 선생님들도 감동하며 기술을 베껴 보자고 했다 한다. 반면, 시집에서나 그 외의 주변 생활인들에겐 먹혀 들질 않았다. 무조건 변화가 싫고 귀찮다고 했다. 모든 준비는 내가 할 것이고 몸만 오는 것임에도 불구하고.

지금 내가 행복한 이유는 새로운 것들의 변화에 대해서 배워 가고 익혀 가는 기쁨을 느끼고 있기 때문이다. 평범하지 않은 것, 독특한 나의 추구를 인정받고 있어서이다. 그들은 '환상적'이라면서 칭찬을 아끼지 않는다. 격려해 주기도 한다. 우호적이다. 살맛이 절로 난다. 한 가지씩 알아 가는 이 맛을 무엇에 비길까.

다양한 재능 중에 가지 못했던 그 길들. 어쩔 수 없이 한 가지만을 선택해서 진로를 결정해야 하는 시점이 있었다. 아쉽게도 선택하지 못했던 그런 길들을 되찾아 가면서 배우고 익히고 차츰차츰 완성해 간다. 기쁨을 맛보고 인정받고 칭찬받는 그 기분은 어린아이처럼 감정이 나날이 자라나는 느낌을 준다. 사람은 늙어 죽을 때까지 배워야 한다는 옛 성현의 말씀처럼 배우고 사는 즐거움이야말로 살아가는 참 기쁨이다.

춤사위의 그늘 | 사랑의 넋두리였다. 현장을 목격하고 온 것이 분명한 말투는 강하기까지 했다. "영판 하얀 옷을 입은 신선이 따로 없더라." 한산 모시옷을 하얗게 풀 먹이고 곱게 다려서 입혀 보냈더니 깔깔거리는 많은 여자에 둘러싸여 놀고 있는 모습을 본 것이다. 들뜨고 흥분까지 한 낯빛으로 하소연했다. 밀감꽃에 앉았던 벌이 꿀을 빨고 지나간 자리에 바람이 일어서인가 꽃이 투두둑 떨어진다.

범어사 어귀에 도착했을 때는 저녁나절의 춤판 분위기가 넘실거리고 있었다. 산 아래 나지막한 너른 마당에는 철없이 목련도 따라 넘실거리고 있었다. 연세 지긋한 노인들 남녀가 서로 껴안은 채로 사교 댄스를 추고 있었다. 과연 아버지의 형색은 빛이 났다. 멀리서 쳐다보아도 굳이 찾지 않아도 우뚝 솟은 멋진 한 마리 나비 같은 남자였다. 여자들이 줄줄이 따를 만했다. 새파랗게 젊고 아이 딸린 나까지도 이성적인 생각을 버리고 어머니의 딸이란 생각만 지운다면 '참 멋있다.'라고 할 뻔했다. 마당은 흥얼흥얼 흥이 고조되어 있었다. 음악에 취해, 술과 이성의 날렵한 몸짓에 취해 불나방처럼 밤을 밝혀야 성이 풀릴 듯싶었다.

춤판을 보랴, 어머니 눈치를 보랴, 어머니 가슴을 헤집는 분노와 복잡한 심경을 읽으랴 마음이 바쁘게 움직였다. 내 일상에서 만나지 못하는 이런 춤판 놀음에 가슴과 어깨가 뻐근해짐을 느꼈다. 믿지 못하겠다는 내게 현장을 보여 주겠다며 그곳으로 데리고 간 것이다. 못 볼 것을 본 양 춤판을 훔쳐보고 고개를 돌리다 다시 아버지의 동선을 훔쳐보던 중이었다. 내가 옆에 계신 어머니의 기분을 살피려고 고개를 돌리던 순간 어머니는 어디론가 사라지고 없었다. 좋은 집안을 내세우며 교양을 항상 강조하던 어머니는 그 자리를 피해 저만치 떨어진 곳으로 마음을 삭이러 간 것이 분명했다.

여기저기 찾아다니던 나는 뭐라 형언할 수 없이 가슴이 미어지는 충격을 받고 말았다. 깊은 산 아래에서 계곡 물소리와 섞어서 들었던 어머니의 휘청거리는 흐느낌을 보았기 때문이다. 사랑하는 아들을 잃은 고통을 받고도 절대 울지 않고 흔들리지 않았던 어머니였다. '눈물은 가슴으로 삼키는 것'이라며 들풀만 뜯어 댔던 어머니였다. 그전까지 아버지의 험담을 전혀 들어 본 적이 없었다.

미국에서 둘째를 낳았을 때 어머니를 초청했었다. 굳이 어머니를 부를 필요는 없었다. 미국 구경을 시켜 드리고 싶은 마음에 시댁과 남편 눈치가 보여 산후조리를 핑계 댔다. 공항에서 모셔 와 여독을 풀도록 자리를 마련하고 돌아설 때 어머니의 틀니를 빼신 합죽한 입을 보고 말았다. 유독 효성이 지극한 아버지와 밀착된 할머니 사이에서 힘이 드셨던 게다. 2년 사이에 이가 다 빠져 버렸다.

할머니와 강하게 결속된 모자 관계로 집안 분위기가 편치 않았다. 막내로서 유일한 어머니의 대화 상대가 되어 준 나였지만 불편하고 험악한 갈등의 깊은 골에서 얼른 도망치고 싶었다. 남편을 만나 문제를 해결하듯 결혼하고 이내 곧장 미국으로 건너와 버렸다. 그동안 어머니에게 무심했다는 자책이 쇠망치처럼 나의 등을 후려쳤다. 나는 어머니의 현실에 고개 돌린 채 저 혼자 살자고 도망치듯 결혼하여 떠나 버린 딸이 되어 버렸다. 그때는 사랑을 찾아 타 죽는 줄도 몰랐던 불나방 같았다. 눈물이 솟아 고개를 돌리고 다시 또 훔쳐보기를 몇 번. 그날 밤 잠자리에서 껴안아 주는 남편 곁에서 자는 것조차 어머니께 죄스러운 마음이 들었다.

귀국하고 직장과 아이들 교육을 위해 온갖 애를 쓸 때였다. 기억나지도 않는 '네가 시키는 대로'라는 핑계를 대며 어머니는 어디서 춤을 배웠다고 했다. 배웠던 춤을 내 앞에서 열심히 추는 모습이 민망할 지경이었다. 나이 들어서 배운 어설픈 춤사위는 유연하지 못해 깨끔춤 같이 절름거렸다. 어머니의 그 춤사위는 너울거리는 춤꾼들 사이에서 남편의 사랑을 갈구하는 구슬픈 살풀이였을지 모른다. 자식들도 몰라주는 늙은 여자의 고독한 절규. 그날 밤 민망함으로 눈을 돌려 버린 벽 위에 비친 어머니의 춤 그림자는 아버지의 빈 그림자를 안고 도는 듯 유난히도 크게 휘청거렸다.

재주가 많고 인기가 많은 나더러 '아버지를 많이 닮았다.'라는 말을 자주 했다. 듣기 싫어서 '어머니도 아버지처럼 그러시라'고 뱉어 버린 오기 어린 말을 새겨 담았던가 보았다. 한 번도 볼 수 없었던 어머니의 춤. 살풀이하듯 몸짓하는 어머니의 그림자는 그동안 감히 느낄 수 없었던 슬픈 1인 시위 같았다. 안고 있는 셋째의 얼굴 위로 나의 굵은 눈물이 뚝뚝 떨어져 내렸다. 얼른 아이를 안고 방을 나와 불빛이 없는 곳으로 가 밀감꽃이 흔들리다 떨어지곤 하는 마당을 바라보았다.

어머니는 맏이도 아닌 지차로 시집와서 예상하지 못했던 제사와 할머니 시집살이, 조카 양육을 맡아야 했다. 게다가 외간 여자들에게 빼앗긴 아버지의 사랑에 대한 애환을 춤으로밖에 나타낼 수 없었던 것이 내 속을 쓰라리게 했다. 어머니의 그날 밤 춤으로 한을 풀자면 밤새도록 빈 그림자를 안고 돌아야 했을 것이다.

우리 집에 오면 빠짐없이 늘어놓는 아버지 험담은 끊임없는 연모의 고백으로만 들렸다. 맛나게 차려 드린 음식을 봐도 남자 옷을 봐도 사위가 딸에게 잘하는 것만 봐도 반드시 아버지 타령이 나왔다. 지나간 억울한 세월에 복수를 해 주듯 좋은 것은 다 해 드려 봤다. '최고 멋쟁이 부자 할머니'라는 애칭도 갖게 해 드렸다. 부부 금실이 좋아진다는 칠보 무늬 은수저를 마련해 드렸다.

어머니는 93세에 세상을 떠나셨다. 100세가 넘었어도 변함없이 출중한 외모와 건강을 지니신 아버지를 뵈러 찾아가는 길에는 온갖 꽃들이 열매가 되어 가고 있었다. 잘 보이지 않는 눈으로 내가 정성껏 준비해 간 음식들을 젓가락질과 숟갈질로 번갈아 드시는 모습을 보았다. 아버지의 젓가락질 속에서 어머니의 늦게 배운 애처로운 춤사위가 원을 그리듯 어른거렸다. 젓가락의 짝이 숟가락임에도 다른 짝을 찾았던 아버지. 그의 마음을 얻고 싶었던 애련한 어머니의 놓지 못한 미련. 떠나 버린 어머니의 혼을 담은 은수저가 옹이처럼 가슴에 자리 잡고 있다.

임 닮았다 하소서 | 변명은 통하지 않는다. 그때가 되어 하느님 앞에 서게 되면 '그 당시에는 다들 그랬다.' 혹은 '윗사람이 시켜서 할 수 없이 그랬다.'라는 구차한 변명은 소용없다. 우리는 진실과 진리만을 추구하며 살아야 한다.

《킹덤 오브 헤븐(Kingdom of Heaven)》이란 영화에서 나오는 명대사다. 11~13세기 사이에 유럽에서 발생한 십자군 전쟁은 서유럽 기독교인들이 예루살렘을 탈환하고자 벌인 대규모 운동이다. 기독교와 이슬람 국가는 예루살렘을 탈환하려는 배경 속에서 종교적 의미를 부여한다. 원래 그들은 하나밖에 없는 외아들 이삭을 번제물로 바치라는 하느님의 음성을 듣고 그대로 실행하려고 했던 믿음의 조상 아브라함의 아들들이었다. 미모의 부인 사라가 늦게 낳은 아들 이삭의 자손은 이스라엘을, 사라의 여종 하갈이 아브라함 사이에서 낳은 아들 이스마엘의 자손들은 이슬람 국가가 되었다. 한 하느님이긴 하지만 섬기는 모습이 다른 종교일 뿐이었다. 종교적으로 중요한 성지를 탈환하기 위해 형제 국가끼리 지금껏 전쟁을 치르고 있는 현실 앞에서 오래전에 나온 영화였지만 종교관을 재조명해 보는 것도 의미가 있을 것 같다.

십자군 운동은 종교적인 명분이 점차 정치·경제적인 야망의 또 다른 동기가 되어 가고 종교는 점차 자신들의 야망에 거룩한 정당성을 부여하기 위한 수단이 되었다. 신 중심의 삶만으로 살아갔던 중세 시대에 '모든 것이 주님을 위한 것' '모든 것이 주님의 뜻'이라는 명분 뒤에 신앙보다는 탐욕과 잔인함이 숨겨져 있었다. 신의 이름을 내세워 탐욕을 '거룩함'으로 합리화시켰고, 결과와 책임을 신에게 전가했다. 그들 신앙관 속에 자신들만 특별하다는 교만한 '자기 의로움'이 자리 잡았다.

종교, 신앙의 이름으로 자행되는 부도덕과 폭력은 자기만의 의로움이 되어 탐욕과 비난으로 세상을 공격하는 일들이 많아졌다. 하느님 사랑으로 출발했으나 우월주의에 빠져 분열을 일삼았다. 영화의 주인공은 성지를 차지하는 것보다 사람을 지키는 것이 중요함을 거듭 강조하였다. 성지 때문에 수많은 사람이 목숨을 잃는다면 그럴 바에는 예루살렘을 불태우는 게 낫다고 말했다.

몸은 권력에 복종할지라도 영혼은 자기의 것이라는 것. 하느님 앞에 서면 '누가 시켜서 했다.' 혹은 '그 당시에는 그럴 도리밖에 없었다.'라는 구차한 변명은 안 통한다는 것을 알려 주었다. 그러니 우리는 어떠한 상황이 닥치더라도 민족이나 국가, 종교, 인종, 시대를 이유로 변명할 궁리를 찾지 말고 진리만을 숭고하게 지켜 나가야 한다는 것을 영화는 표현하고 있었다.

이 시대에도 마찬가지로 종교인들이 깊이 생각해 봐야 할 점이다. 종교가 다르다고 해서 배척하는 분위기, 같은 교회 내에서도 자신들의 집

단만이 행하는 방식이 옳다고 주장하는 것이다. 자신만이 하느님을 바로 섬기는 것이라고 우기는 아집, 기도는 하고 있으나 입만 열면 상처를 주는 행위들이 그렇다.

자신이 추구하고 생각하는 것이 전부라고 믿고 살아가다가 '그 모든 것이 아무것도 아니었구나' 하고 깨닫는 '그 순간'이 누구에게나 오게 된다. 평생을 바쳐 추구했던 가치가 땅에 '툭' 떨어졌을 때 주변을 돌아볼 수 있는 시야를 갖게 되고 그 가치가 주관적이었다는 사실도 깨닫게 된다. 어떤 집단에서 빠져나오지 못해 반강제로 소속되어 따라가고 있을 때, '뚝' 하고 흐름이 끊어지면 새삼스레 느끼게 된다. 그토록 어렵게 매달리고 있던 것이 아무것도 아니었음을.

나의 신앙생활 첫 기억은 추운 겨울에도 오빠 등에 업혀서 성당에 갔던 일이다. 첫 영성체를 받고 '소녀 레지오'라는 단체에 가입했다. 자식 없이 사는 안나 할머니 부부를 주말마다 방문하여 어린이에게는 제법 긴 시간 동안 묵주 기도를 다 바치고 나서 재롱잔치를 해 드렸다. 어떤 날은 연극을 기획했고 어르신 맞춤용 구수한 군밤 타령을 부르며 장단에 맞춰 춤도 연습해 갔다. 성탄 전야에는 예술제가 열리고 언제나 나는 노래와 연극으로 절정을 장식했다. 연극을 위해 매일 만나 지도받고 연습하는 것은 하나의 놀이처럼 재미있었다. 그런 덕분에 친구들과 웬만한 갈등도 가볍게 여기며 지나갈 수 있었다. 그 탓인지 대학 때 봉사 동아리에 가입했다. 야학 지도와 농촌 봉사 활동과 지역 봉사를 했다. 일요일마다 듣는 성경 말씀은 내게 일주일 동안 살아가는 지침이 되었다. 결혼의 어려운 과정도 기도의 힘으로 버텼고 시집살이를 겪어 낸 것도 신앙의 힘이었다.

일반 사람들이 들으면 귀신 씨나락 까먹는 소리라 하겠지만 기적의 체험도 여러 번 겪었다. 어느 날 성가대에 들어가면서 본격적으로 제대로 된 성악을 공부하고 난 뒤 시작한 노래 봉사는 지금껏 이어 오고 있다. 발성법이 다른 두 종류의 표현이지만 미사곡과 생활 성가를 부르면 감동하고 우는 신자들, 치유가 일어났다며 감사의 인사를 크게 하고 가는 사람들을 통해 보람과 자부심을 느낀다. 무엇보다 그들을 통해서 내가 받는 피드백은 더 큰 치유다.

사람들은 자신이 원하는 것을 이뤄 내기 위해 기도한다. 그러나 결코 모든 일은 내가 기도했는데도 바람대로 이뤄지지 않는다는 것을 깨닫고 나면 기도라는 것이 자판기처럼 말하는 대로 나오는 물건 같은 것이 아니란 것을 느낀다. 신이란 내 맘같이 그리 호락호락하지 않아서 내가 주문하는 대로 맞춰 주는 우리의 지니(genie)가 아님을 다시금 인식할 수 있다. 종교란, 기도란, 그것을 행함으로써 마음의 평화를 얻는 것이고 평화와 행복감을 지금 '이 순간' '이곳'에서 느끼는 것이 '천국 체험'이라고 말하고 싶다.

영화 속 두 나라의 장수가 나누는 마지막 장면에 '너에게 종교란 도대체 뭐냐'라고 묻는다.

"Everything or nothing"

나에게 종교란 무엇이냐고 되물어본다. 유아 세례를 받았으니 숨 쉬듯 자연스럽게 스며들어 있다. 그러니 everything과 nothing의 사이에서 80% 정도는 everything에 가까울 것이다. 그러나 큰 것을 잃고 난 뒤 nothing에 가까운 마음으로, 버티지 않고 흐름에 따르며 nothing이기에 연연하지 않고 훌훌 털어 내면서 앞으로 갈 수 있었다. 그리고 nothing이기에 이 순간에 만족하기를 긍정적으로 생각하고 행복을 느낀다.

하지만 마지막 그날이 내게도 오게 되어 그분 앞에 갔을 때를 생각하면 사실은 두렵다. 그래서 내가 노래로 찬미 봉사 하는 이 모습을 하늘에서 잘 보고 기록해 놓아 주었으면 좋겠다. 문지방 틈에 낀 티끌만큼이라도 비슷한 구석을 임께서 발견하게 된다면 '나를 닮았구나'라며 천국 문 앞 심판대에서 나를 위해 적극적으로 변호해 주기를 바라는 간곡한 마음이다.

망설이며 문 앞에서 버티고 있는 신혼 이불이 미련을 버리자고 재촉한다. 과감하게 나의 처음과 작별을 고한다. 잘 가거라. 내 수줍던 시절이여. 흥분과 감동이 숱한 우리의 밤들이여. 평생 봉사해 준 그대 포근한 팔베개. 날 위해 반짝여 주었던 분홍빛 날들. 처음처럼 사랑한다던 그 맹세.

-남자여 사랑하라, 언제나 처음인 것처럼 중에서-

6부

남자여 사랑하라, 언제나 처음인 것처럼

따스함을 다시 짜다 | 그가 목도리를 둘러 주었다. 따스한 온기가 목을 감쌌다. 살을 에는 추운 겨울밤 언제 올지도 모르는 버스를 기다리는 동안 그 목도리는 나를 한껏 위로하여 주었다. '힘내라'라는 말보다 목도리를 건넸던 무언의 동작이 얼마나 소중했던지 모른다. 누군가가 곁에 있어 준다는 것, 춥고 어려울 때 내 편이 되어 준다는 것, 귀가 시리도록 추운 겨울밤을 함께 견뎌 준다는 것을 확인시키는 위로의 기억이다. 목도리는 마음을 알려 주는 연결고리였다.

어릴 때 어머니는 늦가을부터 내의를 늘 미리 챙겨 주었다. 초겨울을 따뜻하게 지내야 그해 겨울이 춥지 않다고 했다. 목도리를 두르면 옷 하나를 더 껴입은 것보다 따뜻하다며 겨울 준비로 목도리를 짜서 둘러 주었다. 우리 몸이 외부에 노출된 손이나 팔다리는 자연스러운 운동으로 열을 생산한다. 목은 지방이 적고 면적도 넓어 추위를 가장 많이 느끼게 된다. 외부 공기가 닿는 부분을 최소화하기 위해 목도리만 둘러도 체감온도 5℃가 올라간다고 하니 지혜로운 월동 대처법이다.

중학생 때 가정 시간에 뜨개질 수업이 있었다. 처음 실을 뜨는 모습을 본 선생님은 재능이 있다면서 나를 점찍어 열심히 연습시켰다. 매년 부산시 교육청 주최로 열리는 뜨개질대회가 있었다. 선생님은 방과 후에 남겨서 연습을 시키고 또 시켰다. 여름 방학 때에도 손땀, 등땀을 뻘뻘 흘리면서 뜨개질을 한 탓에 눈이 퉁퉁 부었다. 매일매일 손놀림이 빨라지더니 손이 보이지 않을 정도로 빨라졌다. 그때였다. 체육 선생님이 오더니 뜨개질에만 열중하고 있는 우리를 보면서 "오, 미래의 과부감들이 여기 많이 있네."라고 했다. 가정 선생님은 소스라치게 놀라면서 어린애들에게 무슨 막말이냐며 핀잔을 주었다. 남편을 잃은 미망인들이 주로 바느질이나 해서 먹고사니 그렇다고 변명을 했다. 그해 가을 학기가 시작되고 나는 과학경시대회에 나가서 최고상을 받았지만, 두 번 다시 뜨개바늘을 잡지 않았다. 말이 씨가 될까 두렵고 꺼림칙해서였다.

아이들이 초등학교 갈 무렵 목도리를 사고 싶어라 했다. 잊고 있었던 나의 재주가 떠올랐다. 뜨개질해서 아이 네 명에게 처음으로 똑같은 색과 다양한 모양을 만들어서 목도리와 빵모자를 만들어 걸쳐 주었다. 여름에는 흰색의 구정 뜨개실로 나팔바지와 티셔츠에 긴 조끼도 만들어서 세 살짜리 아이에게 입혔다. 꽤 깜찍하고 예뻐서 물려 입기를 원하는 주변 사람들이 많았다. 그 이후로 가끔 마음에 드는 사람이 있을 때 털실 목도리를 짜면서 따스함을 선물했다.

공공시설 곳곳에 히터가 있는 지금은 겨울이 예전만큼 춥지 않다. 그래도 예전이나 지금이나 추운 겨울밤이 서성인다. 소외된 외로움의 칼바람 추위, 실패한 절망의 쌀쌀한 냉기, 그리움의 북풍 같은 추위를 타는 이웃이다. 끼니가 성긴 사람도 있고 종이만 덮고 자는 노숙자, 팔다리도 못 뻗고 쪼그려 자는 고시텔 취업 준비생들, 비정규직 중국 교포가 있다. 목숨 걸고 넘어온 새터민에게도 남한의 겨울은 아직 시리다. 그들이 간절한 것은 편견 없이 바라봐 주는 따뜻한 시선이다.

따뜻함이란 무엇인가. 기댈 곳이 없어 힘들 때 가만히 기대는 어깨가 되어 주는 것. 절망의 언저리에서 눈물조차 나오지 않는 설움 곁에 조용히 함께 머물러 있어 주는 것. 동지애를 느낄 수 있는 공감의 눈빛, 잔잔히 응원해 주는 격려의 미소와 포옹. 항상 씩씩하게 잘 헤쳐 나갈 것으로 생각하고 신뢰해 주는 믿음이 아닐까.

따스함을 전해 주던 불씨 같던 그 무엇이 내게서 사라져 버렸다. 내 마음이 서늘하게 추워졌기 때문이다. 인생이란 짐을 지고 길을 가려면 외로움과 종종 마주해야 한다. 추운 겨울밤 버스 정류장에 홀로 서서 다시는 오지 않을 마지막 버스가 지나간 줄도 모르고 막연하게 기다리는 모습처럼 지금 내가 그렇다. 누구에게나 그런 절절할 때가 있다. 결코, 허락되지 않는 소소한 행복을 기대하는 막연함이다. 이럴 때 말없이 따스함을 건네 주는 사람이 곁에 있다면 얼마나 위안이 될까.

나를 위해 따스함을 다시 짜기 시작했다. 싸늘히 식은 내 마음부터 데우기로 했다. 나를 따스하게 데워 준 목도리가 다시 누군가를 위해 따스함이 될 수가 있다면 좋을 텐데. 받아 보는 누군가는 가장 힘든 순간에 자기편이 되어 줄 사람이 있다는 기억을 떠올렸으면 좋겠다. 춥고 쓸쓸하고 혹독한 세상살이에 말없이 내미는 포근한 마음이 느껴지기를 바란다. 예전 누군가가 건네 준 목도리 온기의 따스함을 그의 얼굴보다도 먼저 기억하듯이.

흙 같은 인생 | 10월이 오고 있다. 초가을에 접어들었음을 알려 주는 달이다. 연일 하늘은 높고 맑다. 바람은 귀 뒤로 넘긴 머리카락을 살랑살랑 흔들어 대고 기분 좋게 얼굴을 간지럽힌다. 땅에 돋아난 모든 식물, 나무든 풀이든 농작물이든 땅에서 솟은 것들은 지금 물기를 살짝 걷어 가고 있다. 열매엔 단맛이 깊이 스며드는가 하면 이파리는 살짝 시들어 가고 알곡은 탱탱하게 여물어 간다.

물기를 말리는 바람은 대지의 기록을 담당한 땅 위에 흔적을 낱낱이 남기고 지나간다. 무심코 불어 대는 바람과 빗방울, 태양의 마지막 짙은 구애도 흙 속 깊이 기록하여 담아 둔다. 땅은 지난밤 강렬했던 태풍의 모습도, 잠깐 스쳐 지나가는 매일 일상적인 그림자조차도 무심코 지나친 적이 없다. 바람결 따라 태양의 각도에 따라 흔들리며 움직이는 동선조차도 정확하게 새겨 놓는다. 생명의 흙이다. 가을이 깊어질수록 결실과 흔적들이 후드득 떨어지며 모든 집착과 미련을 땅에 내려놓을 때 그것들을 모두 자비롭게 품어 주는 것이 흙이다. 덮어 주기도 하고 때론 땅 위로 솟아오르게도 하고 자신 있게 용기를 주며 내뿜어 주기도 하는 흙이다.

뼛속까지도 투명하게 말려 버릴 것 같은 햇살 아래 넓게 펼쳐진 가로수 길을 걸어가면서 젊음의 서정이 여전히 변하지 않았음을 실감한다. 가슴이 떨림을 느꼈으니까. 투명하여 맑고, 쓸쓸하여 아리고, 두근거려 허전한 중에 삐져나온다. 벅찬 공허와 쓰라린 허무를 매번 겪으면서도 매년 새삼스러운 이 감정을 어찌해야 할지 모르겠다. 뭐라고 표현해야 이 상황 속의 나의 상태를 표출할 수 있을지. 아직 그런 기술을 터득하지 못하여 안절부절못하고 있다. 이 정서와 감정을 표현할 수 있는 내가 가진 세상의 언어가 턱없이 부족함을 느낀다.

오륜대 황톳길을 걸었다. 양말을 벗고 쑥스럽게 드러낸 나부 같은 발가락을 노란 황토 속에 파묻고 걸어 본다. 발가락 사이마다 간지럽히듯 쓸어 주는 황토가 포슬포슬 정겹다. 어린 시절 뛰놀 때는 무심코 지내다가 이제 와서 좋다고 일부러 찾아와야 하는 시대가 오고 보니 새삼스럽게 흙의 소중함도 생각해 본다. 정을 나누고 싶은 마음에서 키우던 화초나 허브를 작은 화분에 담아 분양하려 할 때도 땅을 가진 내가 흙을 사 와 채워 넣어야 할 만큼 귀하신 몸이 될 줄 짐작이나 했을까. 초가을의 갈팡질팡 흔들리는 이 마음을 황톳길을 걸으면서 채워 보는 그런 산책길이다.

결혼 초기에 우연히 사주를 보게 되었다. 나는 흙의 기운을 타고 났고 남편은 나무의 기운을 타고 났다고 되어 있었다. 언짢았다. 흙은 나무가 뿌리를 내리고 터를 잡아 주는 역할이다. 흙의 기운을 타고 난 내가 나무의 기운을 타고 난 남편을 위해 희생을 해야 한다는 뜻으로 해석되었다. 나름대로 출세하고 싶은 욕망이 가득 찼을 때여서 사주를 부정하고 싶은 마음뿐이었다.

같은 직장 생활을 하니 동격의 의식이 잠재했던 터라 경쟁 의식을 느꼈다. 가족 공동 운명체라는 의식이 생기기 전이었다. 전업주부였더라면 생각이 달라졌을지도 모른다. 직장 생활인이면서도 환절기 때마다 양가 부모님들 보양식과 노화에 관련된 영양 정보를 챙기랴, 아이들 4명을 사교육 없이 직접 지도하랴, 아침마다 남편 머리와 얼굴, 패션을 다듬고 신경 써 주랴 최선을 다했다. 나의 일을 희생해 가면서 열심히 공을 들여 즐겁게 살았지만, 가끔 시댁으로부터 당연한 취급을 당할 때는 억장이 무너졌다.

아무리 거부했어도 나는 결국 그에게 온전한 흙이 되어 주고 말았다. 한동안은 그 상황에 적응하느라 힘든 시간을 보냈다. 다양한 예술적 재능을 가진 내가 많은 것들을 포기한다는 것은 운동 세포가 죽어 가는 루게릭병에 걸린 것과 같은 것이다. 힘들긴 해도 적응해야 했다. 그러나 흙이 되고 보니 세상에는 그보다 더 다른 가치의 삶이 있음을 알게 되었다. 본격적으로 경제적인 투자에 눈뜨게 되었고 재미있는 문화생활도 할 수 있게 되었다. 전략이 중요한 아이들의 입시에 집중할 수 있는 시간이 허락되었다.

프로스트의 가지 못한 노란 길을 마음속에 항상 갈망하고 있었다. 막내까지 대학 진학시킨 이후에는 소망했던 재능을 다시 찾는 기회를 얻게 되었다. 주변을 돌아볼 수 있는 여유가 생겨 봉사 활동도 열정적으로 할 수 있으니 사는 참맛도 알게 되었다. 주연이 아니어도 흙처럼 훌륭한 조연 같은 역할도 보람찰 때가 많음을 깨달았다.

가을 운동회 날 사 온 병아리를 베란다에서 키운 적이 있다. 큰 닭으로 잘 자랄 때까지 계분을 처리한 것은 흙이었다. 계분 위에 덮어 준 흙은 냄새를 잡아 주고 화분의 거름이 되어 덕분에 화초가 튼실하게 잘 자라게 해 준 자양분이 되었다. 식물에는 의식주와 같은 흙이다. 흙은 냄새나거나 더러운 것도 덮고 조용히 잠재우고 있다. 신기하기도 하고 자비롭기도 하다. 바람이 불어와도 비가 내려도 인자하게 받아 줄 뿐이다. 그가 흘리고 간 기억들도 고스란히 받아 준다. 시각이 놓쳐 버린 아주 작은 일렁임까지도.

땅 위의 모든 것이 떨어지고 점점 사라지는 가을이다. 흙은 그것을 모두 덮어 주고 품어서 다시 봄이 오면 새 생명으로 세상에 내보낸다. 세상의 절기는 어김없이 바뀌고 거부할 수 있는 것이라곤 아무것도 없다. 흙의 묘한 조화로 만들어 놓은 기암괴석의 절묘한 풍경들은 다른 개성을 가진 사람이라고 할지라도 똑같이 감동을 연발할 수 있도록 하는 놀라운 능력도 갖췄다.

가장 낮은 곳에서 높은 곳까지 인류의 위대한 업적을 만들어 내는 흙의 존재를 무시하지 말자. 가혹하지만 감미롭기도 한가을의 뜨락 앞에서 문득, 흙이 되고 싶어진다. 만나고 나면 기분이 좋아지는 사람, 기왕이면 기분 좋은 여운이 일주일 이상 지속하는 사람이 되고 싶다. 흙처럼 모든 것을 품어 주어 새 생명도 탄생시켜 주고 죽어 가는 것을 살리는 사람. 그런 흙 같은 사람이 되어 가고 싶다고 소망해 본다.

젖꼭지 | 울음으로밖에 표현할 방법이 없다. 아기들에게 유일한 언어 표현 수단인 울음은 엄마들에게는 골칫거리다. 그렇더라도 유아의 입을 막아 버리면 표현의 자유와 발언권을 막는 것과 같다. 유아기에 욕구 불만을 해소하는 대체 방법이라고 변명하며 실리콘 젖꼭지를 물린다. 신생아 시기부터 가짜 젖과 공갈 젖꼭지를 물고 인생을 시작해야 한다는 것은 인간에게 슬픈 일이다.

한국 사람들의 손재주는 젓가락질에서 나온다. 젓가락을 사용할 때는 손가락 사이사이의 신경이 촉감과 강약을 조절하는 모든 신경을 집중해야 한다. 젓가락질을 잘하는 사람은 수유기를 얼마나 잘 보냈는가와 관계가 있다.

아기가 어머니의 젖을 빨 때, 눈은 엄마를 바라보고 밀착된 몸은 엄마의 체온을 느끼며 손으로는 한쪽 젖을 만지작거리는 사이 촉각이 발달하게 된다. 세상에서 가장 만족스러운 눈빛은 그때다. 아기와 마주 보고 눈빛을 교환하는 엄마의 미소 속에서 아기와 엄마가 일체화되어 최고의 만족과 안정감을 느낀다. 세상 어느 연인이 이 순간을 흉내 낼 수 있을까.

출산 직후 산모의 유방은 평소와 다르게 큰 변화를 맞는다. 간혹, 유두가 몇 배로 커지는 산모를 두고 남편 복이 있다고는 하지만, 모유량이 많지 않다. 반면, 유두는 그대로이나 젖무덤이 엄청나게 부풀어 오르고 영양이 특별히 많다는 병甁 젖을 가진 산모가 있다. 병 젖은 유즙양이 많고 연노랑 색깔 곰탕처럼 진한 참젖을 보유하고 있다. 참젖을 먹고 자란 아이는 크는 동안 병치레를 하지 않고 평생 튼튼하게 살아간다고 한다. 수유기가 끝나면 젖양이 줄어들고 부풀었던 유방이 쪼그라들어 호리병 모양으로 축 처진다고 하여 예전부터 할머니들 사이에서 병 젖이라고 불렸다.

아기가 엄마의 젖을 뗄 때면 한바탕 전쟁을 치러야 한다. 엄마의 유두에 빨간 물약을 바르고 피가 났다며 아기에게 겁박한다. 아이는 겁을 주는 어른에게 울고 불면서 난리를 쳐 댄다. 통하질 않으니 하는 수없이 눈물 콧물을 흘려 가면서도 피 같은 엄마의 젖과 생이별을 한다. 생애 최초의 타협이란 것을 배우게 된다.

늦게까지 어머니 젖을 빨던 나도 오빠들의 빨간 약 협박과 엉터리 연기를 보고 만지기만 하겠노라 타협했다. 밤중 이불 속에서 만지는 어머니의 젖 찌찌는 중독에 가까운 내 노리개였다. 병 젖인 우리 어머니의 찌찌는 요즘 실리콘 젖꼭지와는 천지 차이다. 보들보들한 감촉에 탄력도 있고 쫄깃한 주름이 적당히 있어서 만져 보면 세밀한 촉감에 저절로 손재주를 훈련하게 되어 있다. 어떤 날은 주무르다가 비틀어 보기도 하고 살짝 꼬집어도 본다. 그것도 모자라 젖무덤 위에 폴짝 올라가 손가락 다섯 개를 펴서 피아노 건반을 치듯 꾹꾹 누르며 두드려도 본다. 온갖 공상도 하면서 만지작거리다 보면 어느새 꿀맛 같은 깊은 잠 속으로 스르르 빠져들었다.

어느 날 밤, 내 전유물이라고 방심하던 찌찌라는 놀이터에 나보다 먼저 와서 놀고 있는 침입자가 있었다. 청천벽력이었다. 상대 손은 깜깜한 밤, 닭 서리하다 들킨 것처럼 후다닥 도망쳐 버렸다. "누고, 누고." 하며 닭장 주인처럼 호통을 쳐 댔다. 어머니가 "엄마다. 엄마."라며 나를 안심시켰지만, 분명히 크고 뼈대가 거세게 만져지는 다른 손이었다. 어머니 뒤에 누운 아버지는 내가 큰일을 겪고 고함을 치는데도 평소와는 달리 모르는 척 자고 있었다. 이상했다. 그날 이후 밤마다 어머니 젖꼭지를 만질 때면 항상 의심이 떠올랐다. 누구였을까. 그 어두운 밤, 시커먼 손의 주인은.

초등학교 3학년 때 놀러 온 친구에게 내가 아직도 젖을 만진다고 말해 어머니와 나만의 비밀을 깨 버렸다. 자존심이 철썩 내려앉았다. '이까짓 게 뭐라고' 싶어 그날 밤 아쉽고도 힘겨웠지만 단호하게 내 생에 첫 중독을 끊었다. 갑자기 뚝 끊어진 나의 손 방문이 서운했던지 어머니는 내 손을 당신 젖가슴에다 끌어당겨 얹곤 했지만, 까딱도 하지 않았다.

나이가 들고 가끔, 내가 늦게까지 어머니 젖을 점유하면서 아버지의 사랑을 차단해 버리진 않았는지 마음이 걸릴 때가 종종 있다. 남자의 마음이, 부부간의 사랑이 영원하지 않다는 것쯤은 알게 된 나이다. 그래도 여자이기를 미련 두었던 시기에 모성애와 부부애 중 결정해야 하는 고민을 어머니는 해 보지 않았을까. 늦둥이 딸이 초경을 시작하던 날, '나는 이미 끝이 났다'라던 폐경을 맞은 어머니의 한숨을 들었으니까.

구순이 넘은 어머니는 치매로 요양 병원에 입원했다가 돌아가셨다. 돌아가시기 전 수면 장애가 있어 깊은 잠을 못 잔다고 했다. 병원에 방문할 때마다 비좁은 침대에 올라가 바짝 밀착하고 누워 어머니 가슴에 손을 얹었었다. 가슴에 착 달라붙어 메마른 사마귀같이 겨우 잡히는 젖꼭지를 다시 만져 드렸다. 편안한지 눈을 감고 이내 곧 잠이 들었다.

눈을 감는 어머니의 흐릿한 눈동자 속에서 길 잃은 어린 나를 찾아 안고선 마침내 툭 떨어졌던 안도의 눈물을 보았다. 세숫대야에 물을 받고 내 앞에 꿇어앉아 발을 씻겨 주다가 두 귀를 잡고 뽀뽀하자며 조르던 젊은 엄마. 해 질 녘 골목에서 '밥 먹어라' 부르던 힘찬 주부. 배앓이를 할 때면 주문을 외며 주무르던 약손 가진 의사. 기차를 타고 외갓집에 갔다 돌아올 때면 바리바리 이고 지고 양손 가득 들고 오던 억척스러운 아낙. 자랑스러운 둘째 아들을 잃고 들로 산으로 실성한 듯 다니며 땡볕 아래에서 풀을 뜯으며 목구멍으로 울음을 삼켰던 강한 어미. 가치 없는 것이라고 아버지 타박을 받으면서도 막내딸이 좋아하는 세상에서 제일 맛있는 고구마줄기조림을 했던 요리사. 꽃가마 타고 시집오던 날 밤, 숫총각 아버지가 사시나무 떨듯이 수줍어 했더라며 평생 자랑삼던 새색시. 땋은 갈래머리를 팔랑거리며 땀이 송골송골 맺히도록 했던 고무줄뛰기가 재밌었다는 소녀. 촛불을 켜 놓고 북두칠성에 정성으로 빌어 태어났다고 명촉이란 이름으로 귀하게 자란 아기. 어머니의 흐려진 눈물 속에서 한 여자의 서사를 읽었다.

구기자처럼 붉고 탱글탱글했던 어머니의 젖꼭지는 말라비틀어진 대추같이 쭈글쭈글하게 젖가슴 한가운데 납작하게 겨우 붙어 있었다. 어머니 가슴에 폭 안겨 찌찌를 만져 대던 어린 딸이 어머니의 그때 나이를 훌쩍 넘어서 거꾸로 어머니의 젖꼭지를 만져 주며 잠을 재워 드렸다. 젖꼭지는 마음의 안정을 찾게 해 주는 최고의 명약이다.

이 세상 모든 자식의 첫 노리개 젖. 꼭. 지.

너를 놓친다 | 여보세요. 안녕하세요. 나는 너를 놓친다. 중국 교환 학생으로 떠난 벤(Ben)의 이메일이 왔다. 어디서 용케 한글 폰트를 구했는지 모를 일이다. 아마도 우리가 한글로 먼저 생각해서 영작하듯 벤도 영어로 'Hi! How are you. I miss you.'를 생각하고 한국어로 번역한 것 같다. 우리 입장이 되어 보려고 애쓴 벤이 얼마나 대견하고 고마웠는지 모른다.

오래전 미국에 가게 되었다. 가장 큰 이유는 우리 애들이 어릴 때 가족의 신앙 성화와 청빈 생활을 체험시키고자 했던 것이다. 한국에서도 할 수는 있겠지만, 큰집을 줄여야 하고 가진 것을 버려야 하고 직책이 낮아져야 하는 어려움과 번거로움이 있었다. 비지팅 스칼라(Visiting Scholar) 자격으로 미국 인디애나주 퍼듀대학이 있는 웨스트라피엣(West Lafayette)이라는 조용하고 아담한 도시로 가게 되었다.

대학 패밀리 하우징에서 살고 있을 때였다. 약대 다니던 딸이 화학 과목을 같이 듣는 '벤'에게 공부를 가르쳐 주었다. 기말고사가 끝나고 저녁에 초대하기로 했다. 현지인과 친해지려면 내가 베풀고서도 내가 대접하는 방법을 써야 했다. 한국 문화에 관심이 많은 벤은 집에 온 날 허리를 꾸벅 숙여 한국식으로 인사했다. 정확한 억양으로 "안녕하세요. 처음 뵙겠습니다."라고 하는데 그 자세가 너무도 정중해서 놀랐다.

미국에 처음 도착했을 때는 일자무식꾼이 된 것 같았다. 초중등 교육 시스템을 전혀 모르니 부모로서 어떻게 지도해야 할지 답답했다. 분기별로 선택 종목이 달라지는 방과 후 스포츠 과목 선택과 준비물도 알 턱이 없었다. 경시대회는 있는지, 우등생이 되었다는 통보를 받은 다음에는 어떻게 진행해야 하는지도 모르니 난감할 지경이었다. 그때는 인터넷 정보가 여의치 않을 때였다. 맨 처음부터 새로 시작하는 처지였다. 하우징에 사는 이웃들은 학위과정의 젊은 부부들이 대부분 유치원생 자녀를 두고 있기에 우리같이 큰애들이 있는 이웃이 없어 물어볼 곳도 마땅찮았다. 성당에선 기도문 하나 아는 것이 없고 미사 전례 때 화답하는 말과 심지어는 성가조차도 아는 곡이 없으니 입만 꾹 다물고 앉아 있다가 오기 일쑤였다. 일부러 겸손해지려고 하지 않아도 저절로 낮아졌고, 청빈한 생활을 안 하려 해도 기초 생활을 해야만 했다. 가족 성화를 안 하려 한다고 해도 저절로 기도할 수밖에 없었다. 우리 가족은 절박한 상황들이 재현된 가운데 사춘기 아이라 해도 단단히 결속하면서 목표만을 보고 전진했다.

세계지도에서 아주 작은 나라, 한국이란 곳에서 온 내가 무슨 일을 하다 왔는지 그들은 관심 없었다. K-pop이 알려지기 전이었던 만큼 '알려지지 않은 나라의 사람'일 뿐이었다. 특히 보수적인 중부 지역에서는 그랬다. 성경 속 여인이 자녀를 도와달라고 간청했을 때 '자녀에게 줄 빵을 개에게 줄 수 없다'라는 예수님의 단호한 말씀을 듣고서도 '개도 식탁에서 흘린 빵 부스러기는 주워 먹을 수는 있지 않겠느냐'며 간절하게 애원하는 내용이 떠올랐다. 간청한 그 여인처럼 매일 기도했다. 눈먼 이가 '보게 해 달라'고 애걸하듯 보이지 않는 길까지 보게 해 달라고 호소하면서 예수님의 여린 감성을 자극하듯 기도하였다.

위의 두 아이는 매일 새벽같이 도서관에 가서 열심히 공부했고 나는 따뜻한 도시락을 날랐다. 그 결과 한국에서 공대 다니던 첫째와 의대 다니던 둘째는 충분한 준비가 안 된 상태였지만 열심히 한 결과 3개월 만에 SAT에서 만점을 받고 명문대학의 공대, 약대 장학생으로 입학 허가서를 받아 냈다. 셋째도 우수한 성적을 받아 아너스클럽에 들어갔다. 오케스트라에서 플루트 세컨드 체어를 맡았고 풋볼 게임 시작 전에 멋지게 등장하는 마칭 밴드 단원이 되어 적극적으로 활동했다. 넷째는 우등 학년으로 월반했다. 미국에서 야구를 처음 시작했지만 우람한 체격과 강한 체력으로 4번 타자가 되었고 골프도 열심히 배우고 노력한 끝에 주니어 골프 챔피언 우승컵까지 따냈다. 물론 첼로와 클라리넷으로 오케스트라 활동도 열심히 했다.

백인만 사는 동네에서 다행히 부산을 다녀온 적 있는 담임을 만나게 된 셋째는 선생님으로부터 사랑과 배려를 듬뿍 받았다. 나는 암기력이 둔해졌지만 단기에 영어로 된 모든 기도문을 외워 미국 신자들과 성당 행사에도 자연스럽게 참여할 수 있었다. 덕분에 현지인들과 교제하기 수월해졌다. 악보 보랴 영어 가사 보랴 바쁘긴 했어도 성가대 활동을 열심히 했고 신앙 단체에 가입해서 봉사 활동도 기쁜 마음으로 하게 되었다.

하지만 나는 언제나 이방인이었다. 모두의 시선이 내게 다정하지 않은 것 같아 늘 소외감을 느껴야 했다. 평일 미사를 마치고 나올 때면 성당 안에서 도란도란 얘기를 나누는 사람들이 모여 있었다. 하필이면 복도 가운데에서 웅성웅성 모여 있어 그 무리 속의 틈을 비집고 가로질러 나오기란 여간 쭈뼛하고 뻘쭘하지 않았다.

어느 날, 문득 성당 입구에서 보았다. 'I am stranger when you met'이란 글귀였다. '그래, 내게 좀 더 적극적으로 친절해 달란 말이야. 내가 바로 그 낯선 사마리아인이야.'라며 속으로 소리쳤다. 엄청난 공감이었다. 마치 내 편을 들어 주는 든든한 변호인을 만난 것처럼 반가웠다. 그 글귀는 잔뜩 움츠린 속을 후련하게 펴 주는 느낌을 받았다. 이윽고 한국에서 살던 당시 내 모습이 떠올랐다. 지금 이렇게 간절한 것처럼 한국에서 살 때, 낯선 외국인에게 먼저 손 내밀어 줄 것을. 남들 입에 오르내리기 싫어 고고하게 다녔던 일도 떠올랐다.

퍼듀 대학 내에 있는 성 토머스 성당(ST' Tam's Church)에는 매 학기 새로운 얼굴들이 오고 떠났다. 입학하거나 편입하거나 졸업하고 직장을 얻어서 다른 도시로 떠나거나 이사 오기도 한다. 그때 그들을 낯선 사람이란 생각은 하지 않았다. 그들의 나라이기 때문에 미처 생각하지 못했다. 늘 내가 낯선 사람이라고만 여기던 자신을 깨닫게 된 것이다. '이제 나는 더는 낯선 사람이 아니다. 그들을 따뜻하게 맞아 주는 주민이어야 한다.' 내가 외국인이라는 생각 때문에 언제나 베풂을 받아야만 하는 약자라고 여겼고 그들과 분리했다. 신입생들이 들어와도 자국 안에 있으니 불편 없을 것이라는 편견을 가졌다. 낯섦과 어색함에 대하여 먼저 다가가서 손 내밀어 주지 않았다. 한국 내의 타향살이도 똑같은 외로움이란 걸 깨닫지 못했다.

벤은 둘째에게 영어 단어의 역사적 유래와 상투어, 유행어 등에 관해서 알려 주었고 둘째는 벤의 학업 멘토가 되어 주었다. 그 도시의 유지 아들인 벤은 사귀기를 원했으나 그까진 진전하지 못했다. 학년이 바뀌어 아시아에 관심이 많은 벤은 중국으로 연수를 떠났고 그곳에서 이메일을 보냈다. 영어가 낯설 때 한국어를 공부해 가면서 서툰 표현으로라도 '역지사지'의 입장이 되어 준 딸의 친구 벤이 얼마나 고마웠던지 모른다.

낯선 이방인의 상황을 이해해 주고 같이 체험해 주는 역지사지의 생각을 가져야 할 것 같다. 우리가 만들어 놓은 경계를 허물고 보편적인 사랑을 실천해야 지구촌이란 말이 행동으로 바뀔 것이다. 벤이 우리 가족한테 대한 것처럼. 나도 벤에게 답장을 보냈다.

"안녕, 벤. 나도 너를 놓친다."

당신도 그러셨나요 | 호미로 캐려고 했다. 온 힘을 주어 애를 써 봤다. 삽까지 동원해 봐도 쉽사리 빠져나오지 않는다. 여간해서 뽑힐 기미조차 없다. 질기다. 손으로 잡아 당겨 보지만, 온몸이 땅속으로 딸려 들어갈 것 같다.

지인에게 꽃나무를 분양해 주려고 했으나 쉽지 않다. 삽으로 퍼내면 금방 될 것이라 쉽게 생각했다. 약하게 보이는 꽃나무라도 그 뿌리는 이미 깊고 튼튼하게 자리를 잡고 있다. 쉽게 본 것이다. 땅속 깊이 뿌리 내린 꽃나무를 분양해 준다는 것은 큰 에너지를 소모해야 하는 힘든 작업이라는 것을 뒤늦게 알았다.

나무뿌리는 땅속 깊이 내려가지 않고 옆으로 뻗는다. 균과의 공생 때문이다. 미생물과 공생 관계에 있지만, 우리는 이것을 종종 간과하고 살아간다. 나무뿌리는 원뿌리에서 나온 많은 곁뿌리가 주위를 빙 둘러치며 흙 속으로 뻗는다. 세찬 바람이 불어와도 나무가 쓰러지지 않도록, 땅속 깊이 뻗기보다는 옆으로 뻗어 자란다. 나무는 우리에게 모든 것을 내어 주지만 사람들은 그 고마움을 표현하기보다 오히려 마구 대할 때가 많다.

어릴 때는 '우리 아기야'라고 불리며 아버지 무릎에서 잠들었다. 시집 올 때까지 매일 밤 내 이부자리를 봐주는 아버지의 고마움을 당연시하며 자랐다. 아버지는 책상에 엎드려 잠든 딸을 안아 이부자리에 눕히고 찬 바람이 들세라 이불을 꼭꼭 눌러 주었다. 이른 아침마다 아버지가 내 방뿐만 아니라 온 집 안을 다 청소하는 소리를 들으며 깨어났다. 남자가 특별히 도와준다는 공치사 한번 없이 어머니에게도 자상했다. 타고난 성실함과 부지런함 때문이라고만 여겼지 사랑이라고 생각해 본 적 한 번도 없었다.

사춘기가 시작될 무렵, 어머니의 예사로운 남편에 대한 불평에 민감하게 반응했었다. 마치 여성 해방군이라도 된 양 부부 싸움 중에 끼어들어 어머니 편을 들었다. 아버지의 격한 감정이 폭발한 이후부터 아버지에 대해 얇은 막 커튼 하나 쳐 놓은 듯 틈을 갖고 지냈다.

대학 때부터는 기쁨의 순간을 내 방에서 어머니하고만 속삭였다. 아버지가 서운하게 느끼도록 하고 싶었다. 할머니만 첫째로 생각하는 아버지에게 어머니의 아군이 되어 드리는 것이 동맹이라고 여겼다. 넓적한 돌에 눌린 오이지처럼 쪼그라진 어머니의 어깨는 언제나 안쓰러웠다. 밤마다 속닥거리는 우리의 대화가 길어지면 어머니의 눈에서 꿈꾸는 듯한 표정을 읽을 수 있었다. 막내딸의 외부 통신을 통해 대리 만족을 느끼게 해 드리고 싶었다. 어머니는 자유로운 젊음이 되살아나는 공상도 경험했을 것이다.

마지막 남은 자식마저 불나방처럼 남자와 결혼하고 미국으로 건너갔던 것이 죄스러웠다. 시집살이를 잠시 쉬게 해 드리려고 어머니만 미국에 초청했다. 아버지 없이 자립할 수 있는 말년의 행운과 자유로운 시작을 선물하고 싶었다.

결혼 전날 저녁, 남들이 다 해 본다는 아버지와 신부 입장 예행 연습도 하지 않았다. 담담하게 떠나감과 떠나보냄을 겪어 냈다. 근친을 마치고 시댁으로 처음 들어가는 날, 아버지는 동행해 주었다. 시댁에서도 시원시원한 언변으로 유머러스하게, 자칫 경직될 수 있는 분위기를 밝게 주도하였다. 시어머니는 저런 남편을 가진 안사돈이 부럽다고까지 했다. 나를 두고 떠날 때쯤이었다. 아버지의 당당하던 모습은 비굴해 보일 정도의 저자세가 되었다. 허리를 깊게 굽혀 가며 딸의 안위를 부탁하였다. 그 모습은 치욕스러울 만큼 충격적이었다. 딸의 어디가 부족해서 그런 부탁을 구걸하듯 하시나 싶었다. 내 딸에게 잘못하면 혼낸다든지, 당장 돌려보내라. 언제든지 받아 주겠다든지, 그런 말을 기대했다. 그런 말씀이 차라리 배포 있어 보였을 것이다. 그것이 여식의 기를 살려 주는 행동이 아니었을까. 결혼한 당사자끼리만 헤게모니 쟁탈전이 있는 것은 아니다. 양쪽 집안끼리도 첫 주도권을 잡는 것이 중요하다. 주도권을 먼저 쟁취해야 사는 동안 유리하게 작용하는 것이라고 그때 생각하고 있었다.

나무를 캐내면서 깨달았다. 그때, 아버지 가슴속 퇴화한 눈물샘에도 통증을 느끼는 신경 세포가 살아 있었다는 것을. 나무는 땅 위에 보이는 것만이 전부가 아니다. 나무를 이식할 때에는 그 속에 깊게 자리 잡은 뿌리를 건드리지 않고 캐내는 것이 얼마나 중요한 일인지 모른다. 그 작업이 힘들고 큰일인지도 나무를 키워 보고 옮겨 심어 살려 놓은 사람만이 알 수 있는 일이다. 사람이 온다는 것은 그의 생이 함께 오는 일이라고 했다. 막내딸의 생을 캐내어 보내는 일은 그분에게 실로 엄청난 일이었을 것이다. 질긴 인연의 이치를 나무를 통해 이제야 깨닫는다.

나무는 자신이 벌려 놓은 풍성한 가지만큼 뿌리도 땅속 깊은 곳에서 조용하고 장중하게 영역을 벌려 가며 생명의 세력을 키운다. 뿌리는 가지보다 더 많이 얽히고설켜 있는 어둠 속의 성장을 하고 있었다. 바람이 불고 해충의 도전에도 단단히 버티고 서야 했던 나무의 숙명. 세상 밖으로 표현하지 않은 침묵의 버림과 비움의 순간에도 나무는 자라고 뻗어 가고 있었다. 더위와 추위의 위협을 받아 가며 고통과 안도의 반복으로 나이테를 키우고 살았던 것을 나는 미처 읽어 낼 줄 몰랐다. 나무처럼 무겁고도 조용하고 은밀한 아버지들의 소리 없는 신음. 세상을 향한 과묵한 저항. 그리고 굵직한 침묵의 메시지를.

남자여 사랑하라, 언제나 처음인 것처럼 | 벌써 몇 달째다. 현관문 안에서 망설이고 있다. 더 대단한 것도 별것 아니라 여기며 미련 없이 처분했다. 하지만 이것만은 버리지 못해 문 앞에서 서성인다. 하루는 냅다 버려야지 하다가도 또 하루가 지나면 미련을 버리지 못하는 것이다. 신혼 혼수 이불이다. 내 첫날밤을 기억하는 저 이불을 버린다는 것은 거룩한 행위의 시간을 잊겠다는 결의와 같다고 느껴지는 까닭이다.

남자는 사랑하는 여자에게 자신이 첫 남자이기를 바라지만 여자는 자신이 그 남자의 마지막 여자이기를 바란다고 한다. 그렇다면, 처음인 여자와 백년가약을 맺는 첫 남자는 온 마음과 정신과 영혼까지 바쳐 가며 평생 사랑하고 살아가는가. 배우자 이외의 세상 모든 여자를 정신적으로 육체적으로 끊어 낼 것인가. 과연 그렇게 하며 살 수 있을까. 여자도 마지막 여자이기를 바란다고 하지만 여자는 처음 함께한 사람과 함께 했던 시간을 잊지 못한다고 한다. 얼마나 그 행위를 소중하게 여기면 '바친다'라는 표현까지 사용할까. 우리나라 남자들의 동정이 대체로 직업여성에게 바쳐지는 것과는 상당히 아이러니한 현상이다.

신혼여행지에서는 아무리 거룩하게 지낸다고 해도 모자라다. 기억될 만한 이벤트를 해 주어도 늘 부족하다. 새신랑이 신혼여행지에서 된장찌개나 김치찌개 같은 평범한 음식을 사 주었다면 평생 바가지에서 벗어나기 어려울 게다. 평범하고도 의미 없이 치러지는 행위는 그녀의 기억 저장소에 특별히 영구 보존용으로 보관될 것이다. 바가지가 작동할 꼬투리를 확실하게 만들어 준 셈이다.

남자들은 불평한다. 아내들은 건망증은 심하면서도 예전에 섭섭했던 것들은 정확하게 토씨 하나도 틀리지 않고 기억해 낸다. 게다가 허구한 날 우려먹는다고. 대처할 방법이 없으니 피신하는 것이 현명한 방법이라고 한다. 손자의 병법을 해결책이라고 제시한다. 미련하게도 그 시간만 피할 수 있을 뿐, 평생을 우려먹을 트집거리는 고무신의 껌딱지처럼 딱 붙어 불리할 때마다 거스르며 튀어나오게 될 것이다.

그녀에게는 매일매일 매시간이 모두 소중한 처음이다. 오늘 아침은 그녀 생에서 처음 맞이하는 아침이고, 커피 한 잔도 오늘 마시는 첫 커피다. 오늘 맞이한 아침의 처음 한 끼, 첫 미소, 첫인사, 첫, 첫. 모든 것에 의미를 가져다 붙이는 접두어다. 남자가 지치는 것은 그녀에게 처음이 너무도 많은 까닭이다. 왜 그래야 하냐고. 그것은 남자가 젊은 시절 성적 쾌락을 좇아 살던 것과 비슷한 운명이다. 신은 여자의 눈물방울 숫자까지도 세고 있다고 탈무드에서 말하지 않던가.

특별히 이벤트의 아이디어가 떠오르지 않는다면 말끝마다 '처음'이란 단어를 붙여 사용해 보라. 보이지 않는 투명한 실에 꿰인 채 움직이는 줄 인형처럼 실룩거리는 그녀의 입꼬리를 보게 될 것이다. 그러다 어느 날 무슨 놈의 처음이 그렇게 많으냐고 투덜대며 지쳐 버린다.

바닷가 폐철선을 따라 걷다 보면, '해풍을 품은 당근 칼국수'라는 간판이 보인다. 조금 더 걸어가면 해녀 전복 집, 햇살 가득한 정원이란 카페가 보인다. 가게 이름들이 하나같이 그럴싸하다. 그 집에 가면 싱싱한 당근 요리가 있을 것 같아 기분이 신선해진다. 해녀가 갓 잡아 올린 전복이 그릇에서 꿈틀댈 것 같다. 밭에서 키운 푸성귀로 음식을 정성껏 차려 줄 것 같다. 입맛을 돋운다. 돌아오는 길에 햇살이 가득한 정원 카페에 꼭 들러 검푸른 바다를 보며 차 한잔하고 싶은 마음이다.

인간의 언어에는 최면의 마력이 있다. '기왕이면 다홍치마'라고 한다. 언어가 최면을 거는 것이다. 칼국수를 먹더라도 '세상에서 처음 먹어 보는 칼국수 맛'인 것처럼 말해 보는 것은 어떨까. 천지창조의 처음을 '보기 좋았다'고 신께서도 감동하지 않았는가.

남자들이 말하는 여자 잔소리에 대한 소견은 남자들 공감 능력 부재에 있다고 본다. 화성에서 온 듯한 여자이니, 그녀가 말하는 언어를 잘 번역해서 들어야 한다. 여자는 속마음을 곧바로 말하지 않는다. 남자는 의역하기도 하고 직역도 해 가면서 그 마음만을 꼭꼭 찍어 가며 읽어 내려가야 한다. 힘들었다고 하는 말은 나의 힘듦을 함께 달래 달라는 말이지 꼭 해결해 달라는 말은 아니다.

루 살로메를 사랑했던 릴케는 죽음을 맞으면서 자신을 떠난 루 살로메가 궁금했다고 한다. 릴케는 바보다. 정답을 말해 놓고도 자기가 답을 맞힌 줄 모르는 바보. 릴케의 시에 그 답이 나와 있지 않은가. 여자는 처음에 각별한 의미를 두므로 모든 남자는 그 처음을 비밀스럽게 존중해 줘야 한다. 여자의 처음은 화려하게 특별한 대우를 받아도 지나치지 않다. 처음이니 기억될 만한 추억을 만들어야 한다고 생각한다.

남자들이여, 그녀를 사랑할 때는 언제나 한결같이 마치 처음인 것처럼 행하라. 여자들은 '그 처음'에 마음이 녹는다. 그것은 남자들이 자신의 여자가 처음이기를 바라는 기대, 그 이상의 가치를 지니고 있다. 그녀에게 처음이란 말을 한번 써 보라. 처음처럼, 첫 경험, 첫사랑, 첫 느낌. 그녀는 맨 처음이란 귀하고 소중한 단어에 목숨을 걸지도 모를 일이다. 첫날밤, 첫눈에 반했던 날, 처음으로 뭔가 했던 날. 그런 날을 그녀는 극진하게 의미 있는 날로 기억 창고에 저장하고 싶어 한다.

망설이며 문 앞에서 버티고 있는 신혼 이불이 미련을 버리자고 재촉한다. 과감하게 나의 처음과 작별을 고한다. 잘 가거라, 내 수줍던 시절이여. 흥분과 감동이 숱한 우리의 밤들이여. 평생 봉사해 준 그대 포근한 팔베개. 날 위해 반짝여 주었던 분홍빛 날들. 처음처럼 사랑한다던 그 맹세.

거품 욕조 속에서 몸을 정갈하게 닦아 가며 되뇐다. 나의 소중한 처음을 다시 새롭게 시작한다고.

부록

아직도 부치지 못한 편지

아직도 부치지 못한 편지 |

To. 친애하는 당신에게

* P.S. 당신의 새 주소를 몰라 이 편지는 아직 부치지 못합니다.

에필로그 |

Once upon a dream

처음이라는 설레게 만드는 단어가 있다. 그 말 때문에 도끼 자루가 썩는 줄도 모르고 한세월 지났다. 시간 급행열차처럼 순간 이동하듯 여기에 와 있다. 소중함을 잃어버리고 난 후, 세상살이 중에는 살기 위해선 남의 발바닥도 핥아 주며 사는 사람도 있다는 걸 알게 되었다. '뭐도 모르는 인간'이란 이름표가 달린 줄도 모르고 살았던 셈이다. 그러기에 세상을 알려면 난장에 가서 판을 벌여 놓고 앉아 있어 봐야 했었다.

그동안 그들은 모두 어디에서 숨죽이며 꼭꼭 숨어 살고 있었을까. 전혀 알지 못했던 그들의 삶. 어찌 보면 결국 나도 비슷한 삶. 무엇이 옳은지는 알 수 없다.

니체는 우리가 도덕이라고 배웠던 것이 세뇌되었던 것이라고 알려 준다. 그러니 내가 알고 있던 옳음은 이제 그렇지 않다.

'신은 죽었다'라고 하니 '니체도 죽었다'라고 한다. 신도, 니체도 죽은 이 마당에 우리는 무엇을 기준으로 살아가야 하는가. 이 추운 겨울 세상 왕국에서.

겨울 세상에서 살아가려면 추위를 견뎌 내야 할 온기를 채워야 한다. 따스함을 채우면 다시 전할 날도 오겠지.

Again and regain

그래서 나를 위해 다시 따스함을 짠다. 다시.

2024 김미숙

서평 |

자아의 부활: '아듀'로 보내고 맞이하는 서사

박양근(문학평론가)

문학의 본질은 삶의 재해석에 있다. 주어진 운명의 기간 동안 어떻게 생존하고 자아를 재확인하는지 과정과 결과를 펼쳐 내는 것이 작가가 글을 쓰는 목적이다. 문학은 인간으로서뿐만 아니라 작가로서 생존의 경계를 넘어 존재의 정체성을 구현하려는 길이라는 뜻이다.

모든 생명체는 생멸이라는 출발점과 종착점을 갖는다. 유한성 자체는 허무한 것이 아니라 유한하므로 현실의 한계를 극복하고 매일매일 생명의 꽃을 피우려는 자아 탐구에 있다. 더욱이 삶이란 일생이면서 평생이므로 작가는 오늘을 통해 과거의 나와 미래의 나를 유기적으로 결속시켜 나가려 한다. 다만 환경과 인생관이 달라 다듬어 내는 조각상이 달라질 따름이지만 이것 또한 자율적 운명이라 하겠다.

사람은 나무의 뿌리와 새의 날개를 함께 가진 유일한 존재다. 자신의 근원을 의미하는 뿌리로서 어디에서 태어났음을 인식하고 날개로서 자신의 존재성을 펼치려는 꿈을 꾼다. 뿌리와 날개를 함께 지닌 사람은 절망의 벽 앞에서 이카로스처럼 벽 너머의 세상을 향해 날아간다. 개개인과 인류의 역사가 그러하지 않은가?

수필은 개인의 역사이다. 개인의 역사는 인생관과 세계관과 종교관을 바탕으로 하는 존재자의 발걸음이다. 그렇게 살고 생각하고 글을 써야 한다는 의식을 품을 때 비로소 제대로 된 작가와 인간이 될 수 있다. 시련과 좌절에 빠져도 절망하지 않는 시시포스 같은 사람이 자신을 존귀하게 한다.

김미숙 작가는 독특하고 특이한 이력을 직조하는 수필가다. 그녀는 여성과 여성 작가라는 평범한 모습을 거부한다. 천성적인 면도 있겠지만 후천적으로 원더우먼처럼 자신을 훈련했다. 그 전인격적 정체성이 성장기, 결혼 생활기, 자녀 교육기를 거쳐 다다른 자아 구현의 과정에 고스란히 나타난다. 인간으로 해야 할 도리는 그녀에게 의무가 아니라 삶 자체라고 할 만큼 열정과 욕망, 헌신과 배려, 재능과 겸손이라는 존재적 아이콘을 생과 문학의 지표로 취합하였다.

《아듀, 미세스 리》는 김미숙 작가의 첫 수필집이다. 과거 시절 인연과의 결별과 미래의 정신적 재정착을 뜻하는 제목으로 작가는 자아의 의지를 티끌 하나 없는 순수함으로 새겨 낸다. 〈프롤로그〉에서 "인연으로 성숙한 나의 시절에 인사하며 보낸다"고 다짐하듯이 현실적 삶을 살든, 문학 정원을 거닐든 '있었음'과 '있음'의 거룩한 "시간의 웅장한 설계"를 외면하지 않는다. 신이 그렇게 정하였으므로 인간으로서 당당히 맞서는 자신을 변호한다. "미세스 리에게 작별의 인사를 고하는 장면" 다음에는 '김미숙이라는 나'가 등장한다. 그날 그녀에게 일어난 일만큼 내일의 삶이 기다리기 때문이다.

이처럼 《아듀, 미세스 리》는 김미숙의 내적 고백론이면서 사람은 어떻게 살아야 하는가를 말하는 담론집이다. 수필 작가는 무엇을 말하는가가 아니라 독자들이 어떻게 생각하고 느껴야 하는가를 알려 주는 선지적 작가론을 따라야 한다. 그 소명의 글쓰기를 김미숙 작가는 주저하지 않는다.

1. 헌정과 아듀의 양면

대부분 수필은 출생에서 시작하여 죽음으로 접근한다. 그러나 김미숙 작가의 시점은 책명을 인용하지 않더라도 죽음에서 시작한다. 그곳에서 그녀는 등을 돌려 지난 시간을 응시한다. 그날은 "미세스 리"가 다시 '김미숙'이 되는 날이었다. 그 어느 날은 원하지 않았던 사변으로서 가장 감내하기 어려운 상실감과 절망감을 던졌다. 그것은 인생 열차에 동행하였던 다정다감한 남편이 산행에서 절명한 것이다. 결혼 기념일의 불상사였지만 그녀는 생사의 일치를 예감한 듯 차분하게 씩씩하게 맞이한다. 보통 여자라면 충격을 견디지 못하였겠지만, 그녀는 온몸으로 견디며 자신이 무엇을 해야 하는가를 자신에게 일렀다.

사람은 곁에 있던 것이 사라졌을 때 그 진가를 비로소 알게 된다. 삶의 전부를 차지하였으므로 김미숙도 "사랑이 머물고 있었을 때는 깨닫지 못한다"는 사실에 동의한다. 시간이 지나면서 그녀는 한 남자의 죽음이 아니라 모든 남자의 죽음을 사랑이라는 이름으로 공유한다. 사랑에 대한 깊이와 온도, 동행에 대한 고마움과 마침내 다가온 이별을 음악의 선율처럼, 미묘한 색조처럼 오감으로 그려 낸다. 그 무화(無化)의 변증법이 낳은 것이 《아듀, 미세스 리》이고 '가슴 아프게'가 아닌, 자·랑·스·럽·게 그를 저곳으로 보낼 수 있다.

원하던 남자가 꿈처럼 그녀에게 왔다가 인생 절정의 순간에 홀연히 떨어졌다. 이 순간을 그녀는 "살갗이 타들어 가는 뜨거운 여름날, 동행이란 이름을 단 기차가 그녀를 남기고 성하의 풍경 속으로 홀연히 떠났다"라고 표현한다. 작가의 〈기차는 8시에 떠났다〉는 "목적지도 모르고 지나치는 풍경만으로도 행복했다"라는 부부 생애를 기억 저장소에서 소환한 작품이다. 그리고 "전력으로 달려오는 다른 기차가 있다 하더라도 승차는 두 번 다시 하지 않으리라"라는 다짐으로 끝맺는다. 이것이 그를 위한 언약이면서 자신에 대한 약속이다.

〈아듀, 미세스 리〉는 수필집의 표제작이면서 자아 부활의 선언서다. 심리극 같은 긴장과 폐부를 찌르는 아리아 같은 독백이 이어지는 가운데 "씩씩한 척 오기를 부리는" 여성 자아가 묵(墨)의 세계인 고독으로부터 탈출을 꾀한다. 인간의 운명은 아무리 슬퍼도 냉엄한 언어로 시작하고 끝난다는 점을 김미숙은 잘 알고 있다. "온실 유리 천정이 산산조각이 났다. 폭발과 함께 공중으로 붕 떠올랐던 몸이 물속으로 서서히 가라앉는다."라는 절망과 "놀라지 마세요. 돌아가셨습니다."라는 낯선 음성이 현란하리만큼 한 곳에서 만난다. 1시간 전 입맞춤으로 현관을 나섰던 그를 낯선 자로 만들어 버린 언어의 마법. 그래서 독자는 최후의 의연함으로 그를 보내기 위해 화장하는 그녀를 경외의 시선으로 지켜보게 된다. 사람은 언제 스파르타 병정 같은 용기를 가질까. 최선을 다하여 살았을 때 진력의 힘이 살아나는 법.

산자는 어떤 경우에도 살아야 하므로 그녀는 "괜찮습니다"라고 조문객에게 인사한다. 그도 그녀도 최선을 다하여 살았으므로 그것이 서로에 대한 예의라고 믿기 때문이다. 그녀를 덜렁 안고 육교를 단숨에 뛰어올랐던 그, 겨울밤 목도리를 따듯하게 둘러 주었던 그, 젊고 유능한 교수였던 그가 "참 좋은 시절"을 맞아 떠났으므로, 하늘나라에 헌정한 게 기쁘다. 혼자 소유함이 욕심일 정도로 "그는 하늘"이므로 봉헌함이 당연하다. 게다가 헌신한 대가로 자유를 주지 않는가. 그러므로 그 사람을 다시 찾을 수 없다는 허무감을 씻고 벗겨야 한다.

> **차창 밖은 검은색 하늘이었다. 황금빛 반달이 둥둥 떠서 택시 속 그녀를 따라오고 있었다. 그래, 반달이다. 인생은 반달이다. 나머지 반쪽은 자기 식으로 채워 나가는 것이다. 여기서부터 터닝 포인트다. 지금까지보다 더 밝고 더 멋진 인생을 엮어 나가 볼 테다. 이젠 안녕, 하며 떠나보내야지. 내가 그곳에서 떠나 와야지. 떠나가야지. 조금도 슬프지 않은 것처럼.**
>
> **'아듀, 미세스 리(adieu Mrs Lee).'**
>
> **– 〈아듀, 미세스 리〉에서**

반달의 이미지는 두 개다. 짝을 잃은 반쪽의 처지와 곧 보름달이 된다는 상징이다. 김미숙에게는 후자가 전자를 압도한다. "아듀"는 한 남자의 아내에게, 넷 자식의 어머니에게 앞으로는 김미숙이라는 이름으로 살아 내겠다는 다짐이면서 그에게 바치는 재회의 약속이다.

인생에서는 복병이 수시로 출현한다. 인생이란 이성과 저승 간의 틈새 공간으로 죽음으로 향한 이동이라 여기는 김미숙은 이것을 "파스카(pass over)"로 부른다. 하지만, 불안보다는 1%의 희망을 존중하는 낙관적 인생론을 지켜 온 그녀는 "탄생과 죽음은 인생의 축제"이므로 1주기를 맞아 파스카 축제를 계획한다. 〈인생의 복병〉은 그 행사를 위해 요트를 예약하고 검은 정장을 입고 가족마다 안녕의 글을 낭독하고 뼛가루를 바다에 뿌리는 페어웰 문학제를 그려낸 글이다. 이 기획은 낯설지 모르나 "그는 큰 사람이고 최선을 다해 산 사람"이므로 축제는 받아야 할 마땅한 의식이라 여긴다. 신화적 해석을 하면 죽음은 디오니소스적인 경건함과 품위를 부여받는다. 뜨겁게 함께 살아온 인생의 반려자를 보내는 방법은 눈물이 아니라 예의 바른 의식이라는 믿음을 가진 그녀에게 등을 보이지 않는 이별이 어쩌면 가장 아름다울지 모른다.

생존의 부군을 작가는 "아낌없이 주는 나무"였다고 회상한다. 한국 로봇 분야의 권위자로서 국제적으로 인정받는 석학 교수였고 세 딸과 아들을 키워 가문의 명예를 잇게 하였다. 그녀도 그의 열정에 걸맞게 집안을 애교가 넘치도록 가꾸어 왔다. 그건 자랑이 아니라 부부의 도리이듯이 그는 아내와 부모와 형제와 자식을 위하여 아낌없이 애정을 준 "고마운 나무"였으므로 작가는 함께 보낸 가정생활을 수행으로 여긴다. 수행은 혼신의 마음으로 집중하는 희생. 이처럼 수필이란 내가 무엇을 했는가가 아니라 내 행적이 독자에게 어떤 인식을 일깨워 주는 말하기임을 보여 주고 있다.

"아듀, 미세스 리"라는 작별을 자신에게 고한 인간 김미숙은 지금 어디에 있는가. 무엇보다 어떤 변신을 이루어 갈까. 그녀는 양가 부모와 남편이 세상을 떴으므로 가장과 보호자로서 가족의 내일을 짐 져야 한다. 성장한 자녀들이 자생력을 지녔다 하더라도 가볍지 않은 의무다. 〈리스 포춘호〉는 그 현재를 은유한 작품이다. 그녀도 인간이므로 고달픈 시간이 있을 때면 생전에 그녀를 '리스 포춘호'의 선장으로 임명한다고 남편이 출장 중에 보내 준 기발하면서 신뢰가 넘친 이메일을 떠올린다. 무한한 신뢰와 무사 항해를 기대하는 애정과 죽음으로의 예감이 소설과 설화에만 있지 않다는 점을 이 작품이 확인해 준다.

하늘 멀리 떠난 그가 어젯밤 꿈에도 내게 교신을 보내 왔다. 그가 보낸 교신은 아직도 해독을 못 하고 있다. 아마도 리스 포춘호에 탄

리스 패밀리의 무사 항해를 염려해 주는 그의 간절한 기도일 것이라고 짐작해 본다.
"리스 포춘호는 블루 오션을 순항 중. 리스 패밀리는 무사함. 영감탱이는 응답하라. 오버"

- 〈리스 포춘(Lee's Fortune)호〉에서

수필은 때로는 대상과 영적 교감을 추구한다. 산 자와 죽은 자 간의 대화는 수필적 상상의 극점일 뿐 허구가 아니다. 작가는 생전의 메일을 가져와 생사를 초월한 교신을 보낸다. 이것이 그녀가 외로움을 이겨 내는 방식으로 합목적적 논리로써 사변적 자아를 위로하는 기법이다. 인간은 세월 따라 수그러지지만 때로는 충격을 받아 더욱 강한 자생력을 발휘한다. 생물학 용어인 적자생존이 심리학에 응용되는 이유는 인간은 전복이 아니라 삶의 평형을 추구하기 때문이다. "아듀"는 원상태로 되돌아가려는 빙점에서 반등하는 담론이다. 그렇게 할 수 있는 내공이 수필을 만인을 위한 치유 문학으로 승화시킨다.

2. 인생 교실의 배역들

여성의 인생은 강이다. 강이 모든 것을 받아들이며 바다로 향하듯 여자의 삶도 갖가지 시련을 보듬으며 아래로 흐른다. 친정 부모든 시가집 부모든 여성으로 이어지는 세월에는 남자와 아들이 이해할 수 없는 애증의 파문이 끊임없이 일어난다. 딸로 태어나 며느리가 되고 시어미가 되면서 그들의 후면에는 가을바람 같은 안쓰러운 기대감과 대립이 쌓인다. 딸이 작가가 되어 지난 삶을 되새길 때 부모의 존재가 빠지지 않는 이유도 생의 희비가 그들에게 뿌리를 두고 있기 때문이다. 여자의 삶은 어린 시절부터 젊은 시절까지, 젊은 시절부터 말년까지 구분되는 가운데 서사와 서정의 질곡을 형성하는 것이다.

모든 여성 작가가 그러하다. 여성 수필의 경우, 대체로 가사가 중심이 되지만 김미숙이 친정과 시가와의 관계를 다루는 스타일은 다르다. 특징은 세 가지로써 하나는 유년기와 성장기의 일화가 적다는 것이고, 두 번째는 부모가 작가에게 어떤 영향을 미쳤는가보다는 대등한 관계에서 부모의 일상을 지켜보는 구도를 택했다는 사실이다. 세 번째는 부모의 삶을 꽃에 대비한 문체다. 그녀가 천성적으로 꽃을 좋아하고 지금도 아름다운 정원을 가꾸고 있는 이유도 있겠지만, 부모의 사연을 꽃에 대비한 작가 심리에는 그들과의 추억을 아름답게 보존하려는 의도가 깔려 있다. 나아가 꽃이 제철을 보내면 시들어 버리듯이 부모와의 시절에 퇴장의 기회를 마련해 줌으로써 "인사하며 보내려" 하는 시절 인연도 자리한다.

김미숙에게 어머니는 일심동체다. 그들은 인생의 기쁨은 물론 미안함과 부끄러움과 후회를 공유한다. 꽃을 좋아하고, 봉사를 천직으로 여기고, 자식 교육에 헌신하고, 강한 개성을 지닌 점이 너무나 같다. 〈나를 켜다〉는 단국화 꽃밭에 앉아 어머니와 자신의 삶을 시간 흐름에 따라 바느질하듯 곱게 적은 글이다. 훤칠한 남편을 둔 덕분에 부부의 정을 한껏 받지 못했던 어머니와 그녀를 지켜보았던 딸의 속상한 심사가 단국화 꽃밭이라는 공간성을 취한다. 소박한 단국화가 "예쁘게 보이는 나이"에 다다른 작가는 비로소 어머니 삶의 빛과 어둠을 절감한다. 춤판에서 다른 여자와 춤을 추는 남편의 모습을 훔쳐본 어머니가 미국에 왔을 때 밀감꽃이 흔들리듯 춤을 추는 어머니를 지켜보면서 눈물을 흘렸던 작가는 밀감꽃이 피면 "하늘에 있는 어머니에게 전화하고 싶다". 이 감성적 교감의 바닥에는 알게 모르게 딸로서 어머니를 닮아 가는 모습이 비친다.

〈장미의 여향〉은 평생 꽃을 가까이하면서 봉사했던 어머니의 일생을 다룬 전기다. 화제의 중심은 "누구 집의 환자를 돌봐 주었더니 몸이 고되다"는 어머니의 한숨이다.

> **장미는 다른 꽃들에 비해 꽃 모양과 향기가 월등하지만, 잔향이 오래가는 것이 더 큰 매력이라고 할 수 있다. 향수도 잔향이 오래가는 제품이 명품이라고 한다. 점심값조차 아껴 가며 기부하고 봉사하는 것이 기쁘고 즐겁게 사는 방법임을 자연스럽게 알려 주신 어머니. 내게 갖다주신 장미꽃 잔향처럼 나의 자녀들에게도 봉사와 기부의 정신이 저절로 상속되기를 바라는 마음이다.**
>
> **- 〈장미의 여향〉에서**

어머니에게 봉사는 속죄이면서 자식을 위한 회향이다. 갖가지 말로 하는 기도와 미사는 몸말로 베푸는 봉사에 비교할 수 없다. 몸이 지치도록 평생 봉사를 했던 어머니의 인생이 장미 향기만큼 여운을 남겨 모두가 자신의 탤런트로 봉사하라는 가르침으로 이어진다.

김미숙은 어찌 보면 친정보다도 시가에 더 많은 헌신과 믿음을 주었던 것처럼 보인다. 친정아버지에 대한 실망 탓도 있겠지만, 아내로서 남편의 부모에게 최선을 다한다는 부부애와 봉사와 사랑을 중시하는 신앙을 체질화한 이유가 더 크다. 시아버지와 며느리 간의 예의와 믿음은

〈비밀의 황금 반지〉에서 전달된다. 그는 '6.25 전우애 반지'를 직계 자녀들이 있음에도 며느리에게 물려준다. 반지는 단순한 금속 패물이 아니라 한 사람의 극적인 인생과 집안 가문을 상징하는 것으로 며느리가 가문을 일으키고 지켜야 한다는 약속의 내림이다. 인생 말기에 외로움을 술로 달래고 식도암과 급성 폐렴으로 고통 받으며 사라진 일생을 저장한 증거이기도 하다. 독실한 가톨릭 신자인 김미숙은 그를 위한 선종기도를 드려 마침내 임종을 앞두고 천주교식 대세를 받도록 하였다. 시아버지가 며느리에게 감복한 증거는 "너를 겪어 보면서 좋았었다"는 칭찬의 말과 황금 반지다. 이처럼 그의 유언과 유품은 세속적 유산과 달리 정신적 진실성을 담보한 제재로써 작가가 지닌 신앙이 어떻게 발현되는가를 재확인해 준다.

작가는 시부모가 생전에 인생 정리를 하나씩 해 갔음을 알게 된다. 시아버지의 당부가 반지로 표현된다면 시어머니와 며느리에게 남기는 간절한 부탁은 "텅 빈 장롱"으로 구체화한다. 〈고무신〉은 시어머니의 며느리 간의 힘겨루기 같은 한때의 갈등과 마음으로 전해지는 화해를 모티프로 삼고 있다. 예로부터 시어머니의 잔소리는 위세 부림이 아니라 자기 집의 사람으로 만들려는 교육이라고 한다. 그녀의 시어머니도 위세 삼아 과분한 요구를 하고 며느리 김미숙도 질세라 국비 유학의 어려운 살림을 마다하고 좋은 미제 물건을 한가득 보내 주곤 했다. 그렇게 "숨통을 조이곤" 했지만, 그녀는 일가친척에게 인사하러 갈 때 며느리의 고무신을 손수 닦아 준 시어미의 모습을 평생 잊지 못한다. 돈으로 사는 효도보다 손으로 행하는 정성이 더 진실하다는 것이다. 작품은 시어머니가 예의 바른 며느리를 자랑하고 그녀도 며느리에 대한 도리를 잊지 않았다는 관계에 초점을 맞춘다. 실제 시어미는 세상을 뜨기 전 통장과 반지를 며느리에게 줌으로써 인생 매듭이 어떻게 이루어지는가를 보여 주었다. 빈 장롱이 그 취지를 알려 준다.

텅 빈 장롱 안에는 평소 좋아하고 즐겨 입었던 반짝이 조끼와 노방천 이불만 단정하게 남아 있었다. 모두 내가 해 드린 것이었다. 섬뜩했다. 순간 장롱 안에서 "야야, 나는 니 사랑했데이." 하는 말씀이 내 귀에 들리는 듯했다. 저절로 무릎이 꿇어졌다. "어머님, 제가 졌습니다."라는 말이 나도 모르게 튀어나왔다. 사랑하는 일에 있어서 내가 많이 부족했었다는 고백이었다. 그렇게 괴롭히듯 코를 꿰듯 나를 구속하더니 그것이 나를 사랑한 행동이었다는 말인가 싶었다. 허망했다.

- 〈고무신〉에서

나이만큼 세상 물정을 안다는 말이 있다. 젊고 재주 많은 사람일수록 아집에 엮여 나이 든 사람들의 지혜가 낡았다고 경시하기 쉽다. 죽음을 앞둔 사람들만큼 주변을 돌아보고 정리하는 산 자는 드물다.

김미숙이 웃어른 네 분의 병환과 죽음을 그려 내면서 다다른 인식의 언덕은 어디일까. 그녀의 죽음일까. 아니면, 그들이 종종—사람들이—이해하기 힘든 행동을 왜 할까 하는 이유인가. 단정하게 생을 마감하는 것과 전혀 다른 모습들…. 항상 당당하였지만 비굴할 정도로 허리를 굽혀 사돈에게 딸의 안위를 부탁한 늙은 아버지, 죽음을 맞아 참회의 눈물을 끝없이 흘렸던 시아버지, 빈 장롱만 남길 텐데 분에 넘치도록 예단을 요구하던 시어머니, 딸 앞에서 살풀이하듯 춤을 추던 처량한 어머니. 사람들은 그들을 비굴하고 욕심 많고 구차한 인간이라고 비하하면서 자존심을 세우라고 다그친다. 하지만 "왜"라고 물어보자. 그들은 자신이 아니라 자식을 위해 살고 죽은 부모다. 그들이 그렇게 하였지만, 당신은 그렇게 하지 않을 수 있는가. 역시 그대들도 자신에게 "아듀"라고 말할 때면 자식에게 마지막 반지를 건네고 장롱을 정리한다. 한풀이 춤도 춘다. 우리 모두 그렇게 하게 된다고 김미숙은 말하고 있다.

3. 삶의 스펙트럼을 빛으며

수필은 기본적으로 삶에 대한 성찰이지만 문학성을 결정하는 조건은 작가의 인문학적 통찰이다. 삶의 질곡이 감동을 주더라도 인간과 자연에 대한 지평이 넓지 않으면 잡문에 그친다. 수필을 철학과 인문학 사이에 두는 이유도 문학어로 철학적 사유를 전달하기 때문이다.

문학은 죽음이 아니라 현재적 문제를 다룬다. 왜 살며 어떻게 살아야 하느냐는 질문과 답변은 수필의 내적 구조를 형성하는 축이다. 작품에 투영된 인생관과 종교관과 세계관을 저울질하면 작가가 어떤 사람인가를 판별할 수 있다. 그것이 작품에서 작가로 가는 문학 수용의 통로다. 그래서 수필은 깨닫고 느끼는 만큼 쓴다는 장르라 불린다.

김미숙 수필의 특징은 인간의 삶을 관조하여 대화식 담론으로 풀어내는 것이다. 인간은 유한하여 외롭거나 고통스러울 때 기도로써 절대적 믿음을 회복하려 한다. 명상과 삶이 최종적으로 신을 향하는 이유다. "변명하지 않고 진실과 진리만을 추구하며 살아야 한다"라는 사실을 밝힌 〈임 닮았다 하소서〉는 성가 봉사로서 신의 중개자 역할을 하며 자신도 치유의 힘을 얻는다는 피드백을 풀어낸다. "노래로 찬미 봉사 하고 있는 이 모습을 하늘에서 잘 보고 기록해 놓아 주었으면 좋겠다. 문지방 틈에 낀 티끌만큼이라도 비슷한 구석을 임께서 발견하게 된다면 '나를 닮았구나'라며 천국 문 앞 심판대에서 나를 위해 적극적으로 변호해 주기를 바라는 간곡한 마음이다."는 간증은 삶이 어떻게 신앙 수필로 변하는가를 이해하는 중요한 단서를 제공한다.

자연의 가르침도 생태 친화적 어조에 실린다. 작가는 사회의 문제를 들추는 의식과 불평등한 사람들에게 베푸는 배려와 사람의 가슴속에 흐르는 울음이 빙판 밑을 흐르는 물소리라는 문학적 수사로 결합한다. 물소리와 사람의 울음을 일치시킨 감수성은 모태 신앙과 자의식으로 '더불어 함께하는 삶'을 통해 성사된 것이다. 나아가 모성애와 인간애에 연결되는 끈임은 말할 필요가 없다.

울음을 주저하지 말자. 눈물은 마음의 독을 뽑아내는 성스러운 물줄기이니까. 신음이기도 하지만 치유의 눈물 소리인 것을. 산속 썩고 낡은 낙엽을 모아 묵히고 두드리며 울어 주는 물소리. 그 고통의 신음이라도 있어 우리는 듣고, 울어 주고, 기대고, 안아 주고, 살아갈 수 있다.

- 〈물소리, 물소리가 있기에〉에서

김미숙은 섬세한 감수성과 예리한 지성을 겸비한 여성이다. 최선을 다해 헌신하는 열정과 에너지도 지니고 있다. 상대방의 의중을 앞서 포착하며 종교 성악과 미술에서 훈련한 감각으로 사물의 이치를 포착하는 문재(文才)를 타고났다고 할 만하다. 〈물소리, 물소리가 있기에〉는 이런 성품으로 빚은 작품으로 평가할 만하다. 얼음 밑에 흐르는 계곡물 소리를 오감으로 포착한 그녀는 도움이 필요한 무언의 호소에 본능적으로 반응한다. 교감을 통하여 상대와 자신을 치유하는 김미숙의 수필은 읽는 것만으로도 세상 한파를 물리치는 온기를 얻을 수 있다.

그녀 작품들이 지닌 특징 중의 하나는 사물에 대한 남다른 인식력이라 하겠다. 주변 장소나 사물을 허투루 보지 않고 사물의 본질과 의미를 찾아내는 공감력은 사색에서 우러나든, 직관으로 포착하든 작가의 작품을 더욱 높은 차원으로 이끄는 장점임에 틀림없다. 동네 동갑내기의 묵직한 인생을 전달하는 〈제비꽃〉, 병과 가난으로 일생을 마친 친구의 삶을 투영시킨 〈바위틈에 핀 봉선화〉, 장맛으로 가문의 위신을 살려내는 하얀 곰팡이를 다룬 〈된장 꽃〉뿐만 아니라 〈프롤로그〉에서 이야기하는 예쁜 "독버섯" 등은 단순한 자연물이 아니라 서로 어울리며 제 몫을 하는 존재로 다듬어진다. 김미숙에게 자연 사물은 상상과 언어로 되살려 내야 하는 소중한 생명체인 셈이다.

《아듀, 미세스 리》는 죽음에 의한 부활이라는 메타개념을 도입하고 있다. 정신적 부활을 개인의 삶에 접목하는 만큼 주요 등장인물들은 본인과 가까운 가족들이다. 그들은 자신의 인생관을 표방한 후 독자적 인격체로서 그녀로부터 떠난다. 대신에 죽은 자로서, 혹은 독립한 성인으로서 그녀의 기억저장소에 의미 있는 시공의 추억과 갖가지 메시지를 남긴다. 그들이 남긴 "나는 혼자다, 한 번은 죽는다, 타자의 죽음에 목매지 말라, 대가 없는 배려를 베풀라, 신앙을 가져라" 등은 김미숙의 앞길을 안내하는 생의 깃발들이다.

그녀는 운명적인 상실 앞에서 스스로 재충전을 이루었다. 그런 회복이 참으로 힘들였다는 취지를 남자에게 말하는 방백 형식으로 독자에게 전한다. 〈남자여 사랑하라, 언제나 처음인 것처럼〉은 남녀 간의 사랑이 아니라 "처음처럼 바친다"는 제의적 메시지를 강조한다.

남자들이여, 그녀를 사랑할 때는 언제나 한결같이 마치 처음인 것처럼 행하라. 여자들은 '그 처음'에 마음이 녹는다. 그것은 남자들이 자신의 여자가 처음이기를 바라는 기대, 그 이상의 가치를 지니고 있다. 그녀에게 처음이란 말을 한번 써 보라. 처음처럼, 첫 경험, 첫사랑, 첫 느낌. 그녀는 맨 처음이란 귀하고 소중한 단어에 목숨을 걸지도 모를 일이다. 첫날밤, 첫눈에 반했던 날, 처음으로 뭔가 했던 날. 그런 날을 그녀는 극진하게 의미 있는 날로 기억 창고에 저장하고 싶어 한다.

– 〈남자여 사랑하라, 언제나 처음인 것처럼〉

작가는 처음이라는 단어에 '순결, 정결, 최선, 사랑' 등과 같은 이미지를 붙인다. 신이 처음 천지를 창조하였을 때 첫인상을 "보기에 좋았더라"라고 말하였다. 아름다운 풍경보다는 때 묻지 않은 첫 풍경에 감격한 것이다. 칼국수 한 그릇, 꽃 한 송이는 그냥 주는 게 아니라 '바치는 마음'으로 건네야 하고 그럴 때 신에게 봉헌하는 것처럼 경건해진다. 여성뿐만 아니라 대부분 사람은 '처음이라는 횟수'가 지닌 의미를 존중한다. 그런 경외심이 오늘날에는 사라져버렸지만 기대 자체가 사라진 것은 아니라 "처음을 새롭게 시작"하는 것이 자신을 섬기는 새 출발로 바뀌었을 따름이다. 그러므로 그녀에게 "아듀"는 작별이 아니라 절망의 순간에 자신을 세우는 것이다. "리어게인(reagain)이라는 부활의 방점으로 찍히는 것이다.

4. 독자여, 응답하라

문학은 작가 개인의 오감도이면서 인간의 삶을 기록해가는 인생 지도다. 작가는 자신의 여정을 낱낱이 기록함으로써 독자들이 가고자 하는 목적지로 편하게 안내한다. 그 공간에서 사람들은 태어나고 떠나는 동안 작가는 그들을 위해 말하고 쓴다. 순간순간 닥쳐온 현재를 문자로 적어 초시간적으로 만들어 모든 것을 처음처럼 만든다. 노련하게 살아온 사람들에게 낯설면서 새로운 길이 있음을 알려 준다.

김미숙 작가는 타성과 관성을 거부한다. 그녀는 낯익은 것조차 새롭고 낯선 관점으로 보고 말하려 한다. 문학이 지극히 중시하는 실험성은 바로 낯섦이라는 처음을 지적한 말이다. 그녀의 《아듀, 미세스 리》는 타자로부터 놓여난 진아(眞我)의 세계로 입문하는 길을 강단 있는 문체와 긍정적인 어조로 제안한다. 이처럼 자유와 해방과 고독은 김미숙의 자아복원과 새로운 문학의 아이콘이다. '살아 있음'을 부단하게 확인시켜 주는 윤활유이므로 과거의 나와 결별한 작가는 만인을 위한 따스한 목도리 같은 세계를 새로 짜고 있다.

《아듀, 미세스 리》는 인간으로서의 정체성을 새롭게 세우려는 집념으로 조각한 수필집이다. 절망의 늪에서 푸른 분수처럼 비상하려는 불사조 같은 인생 서사가 "아듀"의 진정한 내용이다.